四川大学老子研究院重大项目成果
国家社会科学基金重大项目阶段性成果
四川大学道教与宗教文化研究所重大项目成果
教育部哲学社会科学重大攻关课题阶段性成果

半年刊 二〇一九年 第一期

第十三辑

老子学刊

尊道贵德
关怀生命
文化养生
和谐修真

詹石窗 ◎ 主编

巴蜀书社

图书在版编目（CIP）数据

老子学刊. 第十三辑/詹石窗主编. —成都：巴蜀书社，2019.8
ISBN 978-7-5531-1195-7

Ⅰ.①老… Ⅱ.①詹… Ⅲ.①道家—研究—丛刊 Ⅳ.①B223.05-55

中国版本图书馆CIP数据核字（2019）第170575号

	老子学刊（第十三辑）	詹石窗　主编
策划组稿	施　维	
责任编辑	肖　静　廖　蓉	
出　　版	巴蜀书社	
	成都市槐树街2号　邮编610031	
	总编室电话：(028)86259397	
网　　址	www.bsbook.com	
发　　行	巴蜀书社	
	发行科电话：(028)86259422　86259423	
经　　销	新华书店	
照　　排	四川胜翔数码印务设计有限公司	
印　　刷	成都蜀通印务有限责任公司	
版　　次	2019年9月第1版	
印　　次	2019年9月第1次印刷	
成品尺寸	185mm×260mm	
印　　张	9.5	
字　　数	200千	
书　　号	ISBN 978-7-5531-1195-7	
定　　价	58.00元	

本书若有印装质量问题，请与工厂调换

顾问委员会

总　顾　问　　陈耀庭　施舟人
顾　　　问　　（排名不分先后）
　　　　　　　李光富　陈鼓应　熊铁基　唐诚青　丁常云

理事委员会

主　　　席　　吉宏忠
副　主　席　　谢荣增
理　　　事　　（排名不分先后）
　　　　　　　袁志鸿　陈添来　张明心　陈明昌　李　纪
　　　　　　　林凤燕　郭汉文　陈云鹤　薛永新　罗至君

学术委员会

名　誉　主　任　　马西沙
主　　　任　　詹石窗
委　　　员　　（排名不分先后）
　　　　　　　李远国　张思齐　唐大潮　张泽洪　李　福（美国）
　　　　　　　郭　武　萧登福　郑志明　张桥贵　张　钦　苟　波
　　　　　　　刘固盛　苏　宁　姜守诚　早岛妙听（日）

编辑委员会

主　　　编　　詹石窗
副　主　编　　盖建民　于国庆　黄永锋　谢清果
总　策　划　　施维
编辑部主任　　于国庆
编辑部副主任　李　冀
编　　　委　　（排名不分先后）
　　　　　　　张崇富　朱展炎　廖　玲　杨　燕　欧福克（德国）
　　　　　　　黄　牛　李铁华　张丽娟　李　冀　颜文强　胡瀚霆
　　　　　　　何　欣　褚国锋
本期执行编委　（排名不分先后）
　　　　　　　褚国锋　范靖宜　张　雷　沈玉娇　付腾月　张鸿志
　　　　　　　孙鑫蓉　范佩佩　李　霄　高大伟　丁酩铭

目 录

老子专题研究

何以效法自然：从生态学视野对道的诠释 …………………… 李远国　李黎鹤（3）
《史记·老子列传》新解
　　——兼及老学源流及其与"郭店简""清华简"等新出土文献之关系……… 马文增（14）
从《老子》"小国寡民"的社会理想到现代新型社区的构建……………… 丁倩梅（27）

道学研究

道教雷法中的"鸡牲血祭"文献探微 …………………………………… 王家强（37）
《正统道藏》和《藏外道书》中所见《太上玄灵北斗本命延生真经》文本初探
　　………………………………………………………………… 丁酩茗　于国庆（51）
道教思想与《画山水序》蠡测 ……………………………………………… 邱　月（61）
《坐忘论》与汉译《杂阿含经》"断缘"对比 ………………………………… 黄文琴（71）
浅探中华传统文化中的健康思想
　　——以《清静经》的文本解读为中心 ………………………………… 范佩佩（79）
道教对"梦"意象的理论建构与另类应用 ………………………………… 李　霄（88）

传统文化与三教关系研究

岷山考辨三题：位置、指称与古蜀人 ……………………………………… 张崇富（99）
颐养小品
　　——中华传统颐养文化述略 …………………………………………… 施　维（111）

高道玄韵

关注中国道教现状,推进道教文化建设
——访中国道教协会咨议委员会副主席丁常云道长 …………… 采访人:褚国锋(129)

会议综述

做好道学典籍保护工作,推进道学话语体系建设
——首届"中华续道藏"论坛综述 …………………………………… 褚国锋(135)

《老子学刊》稿约 …………………………………………………………………… (141)

老子专题研究

何以效法自然：从生态学视野对道的诠释

李远国　李黎鹤[*]

内容提要：颇受世人关注的道家学说，是以老子之道论为基础。在老子的思想中，道是最高的哲学范畴。老子用道来概括天地万物的宗祖、宇宙的总根源。但在这个宇宙本源的道之上，老子还特意加上了一个"自然"，要道遵从自然，效法自然，所以说"道法自然"。这就告诉我们，老子道的思想即其宇宙演化论虽是老子学说的基础和前提，但它的主旨在于探讨天地与人类的关系，探讨天地万物共存共荣的普遍规律。

关键词：道家　自然　普遍规律

在老子看来，道是天地万物的宗祖，天地万物都是由道产生的，都从道那里获取自己的形体和性能，所以它们的本性和道是一致的，它们的行为都以道的法则为规范。那么，道的法则是什么？是自然，亦即自然而然，他说："域中有四大，而王居其一焉，人法地，地法天，天法道，道法自然。"[①] 老子的这句话具有双重意义：其一在于突出"自然"，其二在于规范域内。

一、何以效法自然

首先，这里所说的"自然"，并不是一个实体，如后世将"自然"作为天地的代称，而是一种法则。正如王弼所说："法，谓法则也。人不违地，乃得全安，法地也。地不违天，乃得全载，法天也。天不违道，乃得全履，法道也。道不违自然，方得其性。法自然者，在

---

[*] 李远国，四川省社会科学院研究员；李黎鹤，四川传媒学院讲师。
[①] 《道德经》，《诸子集成》第3册，长沙：岳麓书社1996年版，第11页。

方而法方，在圆而法圆，于自然无所违也。自然者，无称之言，穷极之辞也。"① 宋吕惠卿曰："道则自本自根，未有天地，自古以固存，而以无法为法者也。无法也者，自然而已，故曰道法自然。"② 也就是说，在道之上并不是还有一个实实在在的主宰，而只是强调道也必须遵循自然而然的规律办事，从而突出了道的自然无为的本性。这一至关重要的强调和突出，展示了老子学说的终极目的，即通过天地万物的总根源展示天地万物的总法则。总根源是道，总法则是自然。

既然如此，域内一切事物皆须遵循自然法则行事，便成了无可异议的事情，因为道是宗祖，而天、地、人、物是子孙。宗祖效法自然，子孙亦须效法自然。有鉴于此，可以说"法自然"是老子学说的大纲。老子的全部学说都是在这个大纲的指导下展开的，其思维的触角可以涉及宇宙、人生、修养、用兵、谋略、治国各个领域，但却永远贯穿着自然无为的灵魂。

那么，道何以效法自然？怎样效法自然？自然是一种客观的法则，这就是说，宇宙之中的一切事物，都处在一种有序的运动之中，一切都有内在的根据，遵循一个有序的规律。那么，作为宇宙之中四大之一的人类，所作所为当然也应该遵循这个统一的宇宙法则，无法脱离，更不能违背。对此，老子强调说：大德之人的行为，都是遵循大道的自然规律。可见，自然无为的法则是贯通道家、道教思想的一条主线，遵循这一法则的才可以称之为道家，背离这个法则的便不是道家，主张自然无为成为判断是否是道家的先决条件。

老子学说与道家思想的主旨在自然。这种独具特色的"自然"观，深刻影响了中国哲学、中国文化。从老子的道论出发，其"道法自然"的思想包含着三层意义。第一是说天、地、人、物都有所师法，第二是说天、地、人、物都无所妄为，第三是说天、地、人、物共同遵守自然规律。换而言之，是说法则是普遍存在的，法则是不可违背的，天地万物都共同遵守一个总的法则。将这三层意义融合在一起，便形成一条基本的思路：探究事物的法则，探究万物的总法则；用事物的法则解释事物的一般属性，用万物的总法则解释事物的根本属性；自觉遵循事物的法则行事，以领悟万物的总法则作为人生的最高境界。道家、道教是这样，其他学派也趋向于这样，连儒家也是如此。可以说，这种思路构成了中国哲学史的基本思路。

道法自然的思想，突出地强调了天地万物的法则、有序、统一。所谓"法"，在这里就是指遵循、仿效之意，老子是希望人们用辩证有序的思维方式去观察事物，认识事物。后来的学人大多依循其旨，去探究事物发展的规律。如韩非子曰："道者，万物之所然也，万理之所稽也。理者，成物之文也；道者，万物之所以成也。故曰，道，理之者也。"③ 把具体

---

① 《诸子集成》第 3 册，第 12 页。
② （北宋）吕惠卿：《道德真经传》，《道藏》，北京：文物出版社；上海：上海书店；天津：天津古籍出版社 1988 版，第 12 册，第 159 页。
③ （战国）韩非子：《韩非子·解老》，《诸子集成》第 7 册，第 107－108 页。

事物的法则称为"理",把万物的总法则称为"道"。认为理制约着万物,万物借助于理而相互区别;道总合万物之理,是万物之所以存在的总依据。

汉初陆贾亦说:"故事不生于法度,道不本于天地,可言而不可行也,可听而不可传也,可□玩而不可大用也。"① 认为一切事物都有法度,万物都有所循,而根本的法度出于大道。所谓"道",是指遵其而行则可达到目的行径,亦即物行的轨道、事行的法则。扬雄也接受了老子的自然观,主张因循物则的思想。他说:"夫玄也者,天道也,地道也,人道也,兼三道而天名之,君臣父子夫妇之。"② 即把事物法则分为两层,一层是诸类事物各自的法则,一层是诸类事物的共同法则。他将各自的法则称为"道",即天道、地道、人道;将共同的法则称为"玄",认为"玄"兼有三道。"道"是各类事物所要遵循的,"玄"则是所有事物都要遵循的,循之则通,无所不通。

人类对世界的认识有一个由浅入深、由表及里的过程。这个过程不仅仅存在于事物本身的认识中,也存在于对认识方式的认识中。对现代人来说,凡事皆应寻其理,顺其道,这是一般人都能掌握的思维方式。但在人类智能的发展过程中,从缺乏系统、盲目认识的阶段进入有则有理、理性认识的阶段,却是认识领域中的一次大飞跃。老子生活的时代,人们已经开始从事物法则的视角看待事物了,比如子产论天道、人道,孙武言地道。不过他们还只停留在具体的类别和事物上,没有人提出过一切事物都有法则的见解,更没有人提出过天地万物具有共同法则的见解。是老子首先提出了这种见解,引导人们摆脱事物外在形式的局限,从事物的法则,特别是从万物总法则的高度去把握事物,可谓是抓纲举目、一举万得的妙术,从而把人的思维一下子从具象提高到了抽象,在人们的脑海中开辟了一条通往智能领域的快捷方式。

二、圣人返本与价值观念

从另一个角度上看,老子的道法自然观还涉及价值观的领域。在老子思想中所展示的各个层面上,究其根本,他所追求、所推崇的最高价值就是"自然","自然"是老子哲学体系的中心价值。与其相连,"无为"则是老子提出的实现或追求这一价值的基本方法或行为原则。换而言之,"自然"与"无为"是老子所要强调的主要内容,是老子哲学所要传达的主要信息。通过对其价值观的探讨,可以更为全面地了解"自然"这一概念的内容和特点。

在《道德经》中,直接提到"自然"的有五处,充分表达了作者对"自然"的推崇和赞赏的态度。至于间接表达自然观念的章句更是随处可见。"自然"作为老子学说的中心观念,不仅成为理解天地、万物共生共荣规律的关键,亦是主导人类生活各个方面的命脉。就人类

---

① (西汉)陆贾:《新语·怀虑》,《诸子集成》第9册,第11页。
② (西汉)扬雄:《太玄·玄图》,《诸子集成补编》第7册,成都:四川人民出版社1997年版,第345页。

与天、地、道的关系，圣人与万物的关系，执政者与百姓的关系而言，"自然"的观念始终都是最重要的价值。

关于执政者与百姓的关系，老子说："太上，下知有之；其次，亲而誉之；其次，畏之；其次，侮之。信不足焉，有不信焉！悠兮，其贵言，功成事遂，百姓皆谓我自然。"① 这是从君民关系的角度推重"自然"。指出最好的君主不会强迫百姓做任何事，也不会向百姓炫耀自己的恩德，百姓仅仅知道他的存在，而不必理会他的存在。这是道家理想中的虚位君王。次一等的君主会做一些令老百姓感恩戴德的事，这是儒家理想中的圣明君王。再次一等的君主使百姓畏避不及，这是通常所谓的昏君。更糟的统治者令老百姓忍无可忍，百姓对他只有侮辱漫骂，这就是所谓的暴君。高明的统治者悠闲自得，少言寡语，万事成功遂意，百姓并不认为君主起了什么作用，都认为这种管理方法符合自然的原则。可见，"自然"是处理君民关系、管理社会的最高原则。

关于圣人与万物的关系，老子说："是以圣人欲不欲，不贵难得之货；学不学，复众人之所过。以辅万物之自然，而不敢为。"② 与儒家等学派的价值观不同，道家所追求的东西是儒家及其他俗人所轻视的，对一般人所珍视的价值如荣华富贵却视若虚浮。这种与众不同的价值观念，体现在行动上就是因任万物之自然。在老子看来，万物之自然是天地间最好的状态，圣人只能帮助和维护这种"自然"，不应该试图改进或破坏它。这是从人与万物的关系上强调自然无为的意义。河上公注曰："学不学，圣人学人所不能学。人学智诈，圣人学自然。人学治世，圣人学治身，守道真也。……以辅万物之自然，教人反本实者，欲以辅万物自然之性，而不敢为焉。"③ 曹道冲亦说："圣人从事于自然之道，不强物情。"④ 可见，把自然当作学习的对象，学习的内容，不强万物发展的本性，这是圣人的特点，亦是圣人处理人与万物关系的基本原则。

其三，在处理人类与天、地、道的关系时，自然亦是贯穿始终的要害。人生活在天地之中，而天地又来源于道，道在宇宙万物中是最高最根本的，但道的特点却是"自然"二字，人取法于地，地取法于天，天取法于道，道又取法于自然，所以道是最高的实体，而自然则是最高的实体所体现的最高的价值。在这里虽然罗列了五项内容，但强调的重点其实是两端的人和自然的关系，说穿了就是人，特别是君主应该效法自然。所谓法地、法天、法道，都不过是加强论证的需要，人类社会应该遵循自然的规律发展，这才是老子要说的关键。换言之，自然是贯穿道、天、地、人之中的，因而是根本的普遍的原则。

自然的思想贯穿《老子》全书，与其相关的观念还有"自化""自正""自富""自朴""袭常""知常""抱朴"等。归纳老子对自然观念的运用和解释，自然的本意包括自己如此、

---

① 《诸子集成》第3册，第7页。
② 同上书，第29页。
③ （北宋）褚伯秀：《道德真经玄德纂疏》卷十七，《道藏》第13册，第507页。
④ （南宋）彭耜：《道德真经集注》，《道藏》第13册，第156页。

本来如此、势当如此的意思。"自己如此"是针对外力或外因而言,自然是不需要外界作用而存在发展的状态。"本来如此"是针对变化来说的,自然是原有状态的平静的持续,而不是变化的结果,这就是说,自然不仅排除外力的干扰,而且不承认任何原因的突然变化。"势当如此"是针对发展而言,自然的状态包含着事物自身内在的发展趋势,如果没有强力的干扰破坏,它就会大致沿着原有的趋势演化,这种趋势是可以预料的,而不是变幻莫测的,所以圣人可以辅万物之自然。自然的这一意义就是原有的自发状态保持延续的惯性和趋势。

综上所述,老子所说的自然,包括了自发性、原初性和延续性三个方面,并坚信自发的、原初的状态的延续是宇宙最好的秩序,自然原则是处理万物的最高原则。

三、天道自然与万物为一

中国的古代没有自然界的概念,所谓"自然"绝不是自然界的意思。在古代,相对于今天我们所说的自然界的概念是"天""地",与天地相对应的是"人",即人事。探讨天与人的关系,实际上就是探讨自然界与人事的关系。中国古代许多重要的哲学家,从先秦时期的道、儒、墨诸家,到宋代的张载、朱熹,清代的戴震,都把天人关系作为重要问题进行探讨。虽然他们对天和天人关系的具体看法不尽相同,但基本上都认为自然界与人事是相互联系的,人和天是无法割裂的。如孔子认为,天是人事的最高决定者。他说:"天之将丧斯文也,后死者不得与于斯文也。天之未丧斯文也,匡人其如予何!"① 又说:"不怨天,不尤人,下学而上达,知我者,其天乎!"② 在孔子那里,天是有旨意的,天的这种旨意是不可抗拒的,它能决定人事。

老子对天的看法与孔子不同,他所说的天是指客观存在的大自然,天是没有意志的,它并不是万物的主宰。在探讨天与人关系时,往往是通过天道来探讨人事,其言天必联系于人事,讲人事必取法于天道。在《道德经》中,天指的是自然之天,同时老子还指出,这个自然之天是有法则的,这个法则就是"天道"或"天之道"。

天道的法则是什么?有什么特质?对这一问题若不做出回答,那么天道就难以成为人事的依据。故在《老子》一书用了大量篇幅论述"天"和"天道",根据詹剑峰先生的统计,达19章之多③。在这些章节中,老子对天和天道的阐述,首先表明天道的法则是自然运行的法则,而不是人为制订的规则。进而,老子对天道的特质做了说明。在此,老子的"天道",指的正是自然之道,生态之道。天道无私,是老子对天道特质的重要解说。他说:"天

---

① 《论语》,《诸子集成》第1册,第212页。
② 同上书,第387页。
③ 詹剑峰:《老子其人其书及其道论》,武汉:湖北人民出版社1982年版,第386页。

长地久,天地所以能长且久者,以其不自生,故能长生。"① 河上公注:"天地所以独长且久者,以其安静,施不求报。"成玄英注:"言天地但施生于万物,不自营己之生也。"唐玄宗疏:"天地所以能长久者,以其覆载万物,长育群材,而皆资禀于妙本,不自矜其生成之功用,以是之故,故长能生物。"② 皆一致认为,老子的天道大公无私,它的一切动作都不是为自己,所以能够长久。老子以此说明自然界的法则是没有私心的,是普遍的,故能永久运行,这是生态之道的发展原则。

天道均平,是天道的又一特质。老子说:"天地相合,以降甘露,民莫之令自均。"③ 王雱注:"甘露者,阴阳交和所生,自然均被,无使之者,盖道之所感,无所不周故也。"④ 程大昌亦说,甘露滋润万物,"轻细均齐,天下如一,此盖天地腾降而有常者也。故老氏取象于均,而求原于合也"⑤。这就是说,天地相合降下来的甘露,人和万物都公平地受到了滋润。天道均平与天道无私是相联系的,因为天道无私,所以它才能均平,万物都能够接受它的滋养,这是生态之道的共享原则。

天道好生,老子说:"天之道,利而不害。"⑥ 河上公注:"天生万物,爱育之令长大,无所伤害也。"王雱曰:"天者,群物之宗,常以慈畜万物,岂有害之之意。"⑦ 吕知常解释说:"天道阳也,故好生而恶杀,谓之有利而无害。春夏故生之育之,秋冬故成之熟之,以其至公无私,每成人之善而不成人之恶,与人之利而不与人害,故曰天之道利而不害。"⑧ 一句话,好生恶杀,利而不害,这是天道的物性,天道的大德,这是生态之道的伦理价值。

天道无为,老子说:"道常无为,而无不为。侯王若能守之,万物将自化。"⑨ 唐玄宗注:"妙本清静,故常无为。物持以生,而无不为,则万物自化,君之无为,而民淳朴矣。"⑩ 李道纯曰:"天地无为,万物发生。圣人无为,万民安泰。"⑪ 张嗣成亦说:"自然而然者,天之行。齐而不齐者,物之情。执其行,得其情,而返之于无形之形。寂兮寞兮,无臭无声,亦孰使夫。"⑫ 自然无为是天道的重要特质。也正因为自然无为、无偏无私,天道才能成为生育万物的根源,成为人道效法的对象或人事之依据。这是生态之道的实践路径。

天道生生,道生万物,人和万物由道产生;有生于无,万物平等。"道"与"无"是什

---

① 《诸子集成》第3册,第3页。
② (北宋)褚伯秀:《道德真经玄德纂疏》卷二,《道藏》第13册,第374页。
③ 《诸子集成》第3册,第14页。
④ (北宋)王雱:《道德真经集注》,《道藏》第13册,第46页。
⑤ (南宋)彭耜:《道德真经集注》,《道藏》第13册,第171页。
⑥ 《诸子集成》第3册,第35页。
⑦ (北宋)王雱:《道德真经集注》,《道藏》第13册,第104页。
⑧ (明)危大有:《道德真经集义》,《道藏》第13册,第631页。
⑨ 《诸子集成》第3册,第18页。
⑩ (北宋)褚伯秀:《道德真经玄德纂疏》,《道藏》第13册,第441页。
⑪ (明)危大有:《道德真经集义》,《道藏》第13册,第582页。
⑫ (明)张嗣成:《道德真经章句训颂》,《道藏》第12册,第633页。

么？老子说："反者道之动，弱者道之用。天下万物生于有，有生于无。"① 也就是说，天地有始，万物有母，它不是别的，而是"道"。"道"是天地万物之始、本原和根源，它产生天地万物。"道"先于天地生，作为"天地母"的混沌，它是不断发展变化和流动的，是创造世界万物的。万物分为阴阳，阴阳相互作用，达到和谐统一。

庄子对"道"的解释是："夫道，有情有信，无为无形，可传而不可受，可得而不可见，自本自根，未有天地，自古以固存。神鬼神帝，生天生地，在太极之先而不为高，在六极之下而不为深。先天地生而不为久，长于上古而不老。"② 作为万物根源的"道"是真实存在的，虽然它无为无形，目不可见，但是它先于天地存在，是创生天地万物的。

所谓"道生一"，"一"是什么？老子认为，它是"道"产生的混沌未分之气，万物由此产生和繁衍。道的重要意义在于，它是万物之根源："昔之得一者，天得一以清，地得一以宁，神得一以灵，谷得一以盈，万物得一以生，侯王得一以为天下正。"③ 强调"道生万物"，生天、生地、生万物、生人，是同一的。

庄子进一步做出解释，人和世界万事万物都是"气"所产生和变化。"一"是尚未形成具体之物的混沌，是"气"，世界万物由它产生，万物平等。他说："万物一也，通天下一气耳。""生死皆气之变化。""人之生，气之聚也。聚则为生，散则为死。""故万物一也，是其所美者为神奇，其所恶者为臭腐。臭腐化为神奇，神奇化为臭腐。"④ 值得注意的是，"道生万物"宣扬"天道生生"哲学，这是生命哲学，"生"的意义是生命与生命创造。自然界是一个生命有机体，它不仅有生命，而且不断地创造新的生命。世界万物来源于自然界的生命创造，人的生命也来源于自然界的生命创造。这是自然界的内在价值。人与自然是一个生命整体，是不可分离的，人不能离开自然界而生存，自然界也需要人去实现其价值。人与自然和谐相处，共存共荣。

为什么人必须遵循天道？按照老子的看法，人类同万物一样，都是天地的产物，是天施地育的结果。因而人类同其他万物一样，也必须遵循天道这个自然法则。如天道均平，人们就应该效法之，按照"天之道，损有余而补不足"⑤ 的法则，富有的人就应该拿出多余的财富以补足贫困的人。又如"天之道，利而不害"，按照这一法则，圣人就应该"为而不争"⑥，如此等等。总之，天道的作用是非常大的，用老子的话来说就是："天之道，不争而善胜，不言而善应，不召而自来，繟然而善谋。天网恢恢，疏而不失。"⑦ 即用天道的"善胜""善应""自来""善谋"等特征，说明天道这个自然法则，万物都要遵循，不可抗拒，

---

① 《诸子集成》第3册，第19页。
② 《诸子集成》第4册，第53页。
③ 《诸子集成》第3册，第18页。
④ 《诸子集成》第4册，第167页。
⑤ 《诸子集成》第3册，第34页。
⑥ 同上书，第35页。
⑦ 同上书，第32页。

无法逃避。正如宋人陈景元所说:"天道自然平施,不逆万物,而万物自尊之,岂与人校其敢与不敢,杀与活哉!然而人自服从者,不与物争而能善胜者也。""天何言哉!四时行焉,百物生焉,而福善祸淫之应,信不差矣。""天道高远,又无言教,何尝呼召万物,而万物背阴向阳,春生而秋实,暑往而寒来。""张自然之罗,故曰天网;纵太虚之宽,故曰恢恢。四达皇皇是谓疏,幽明难逃是谓不失。"① 这是生态之道的分配原则。

老子以天道作为人事的准则或依据,这在老子思想中非常突出。老子对人事的把握是以天道的自然法则为宗而验之于人事,这是老子把握天人关系的要害。天道自然,人道无为,自然无为的思想,就是要人们顺其自然,按客观规律行事。当时他看到的不是人与大自然关系的紧张,而是人与人关系的不自然,当然这种不自然是身居统治地位的人强申己欲的结果。他也没有认识到对人的统治是以人对大自然的统治为基础的,但他知道应当效法天地宇宙的和谐。

需要强调的是,在老子看来,如何理解天道与人事的关系,并非是一个纯粹抽象的哲学命题,而是一种提高生命质量的生存之道,即怎样才能度过富有意义的一生。在《道德经》一书中,谈到"天"是无私的,强调自然界的非道德属性,人应"无为"以顺应"天道",依照万物的"自见",效法天地,效法大道,效法自然。天地在感觉的世界里为"道"的运动提供媒介,许多有关"道"的比喻皆来自自然界。为了使人顺应道,老子鼓励人若"木"、若"释冰"、若"朴"、若"谷"。欲领悟天道,不仅要对外在的自然现象进行观察,还要对内心进行反省,所谓"不窥牖,见天道"②。正如成玄英注:"天道,自然之理也。臞体坐忘,不窥根窍,而真心内朗,睹见自然之道,此以智照真也。户通来去,譬从真照俗;窗牖内明,喻反照真源也。"③

自然生态系统的演化是以循环的形式来表现无限发展的过程。它之所以有无限发展,因为生态系统是物质循环系统,循环运动是它的基本特征。循环是生态系统的"生存智慧"。在这里,循环是道的运动,万物生于有,有生于"无";"道"又向着相反的方面运动变化,复归于无极,复返归之,变化无穷。他又说:"致虚极,守静笃。万物并作,吾以观其复。夫物芸芸,各复归其根。归根曰静,静曰复命。复命曰常,知常曰明。不知常,妄,妄作,凶;知常,容,容乃公,公乃全,全乃天,天乃道,道乃久,没身不殆。"④ 在循环运动中,万物生长,蓬勃生息,最后复归其根。这就是"常"(自然),这样才有明(明智)、容(兼容)、全(一切)、天(天之道)、久(持续发展),从而终生没有灾祸。

庄子也主张循环论。他认为循环是"天均",天均是自然。他说:"物固有所然,物固有所可,无物不然,无物不可。非卮言日出,和以天倪,孰得其久!万物皆种也,以不同的形

---

① (南宋)彭耜:《道德真经集注》,《道藏》第13册,第235页。
② 《诸子集成》第3册,第21页。
③ (北宋)褚伯秀:《道德真经玄德纂疏》,《道藏》第13册,第467页。
④ 《诸子集成》第3册,第7页。

相禅,始卒若环,莫得其伦,是谓天均。天均者,天倪也。"① 万物都是它的"种"所产生,以不同的形式更替变换,始终循环,没有止息,始卒如环,这就是"天均",天均就是"自然"。

人与天道——大自然的融合共存,不仅仅是后天生存的必要,更是先天本能的决定。因为人类既然来自天地,理应法天则地,遵循大自然的规律,这是道家天人观念的要害,也决定了道家中人对自然和社会的观察、研究,都力图采取客观的立场和冷静的态度。正是这种道法自然的思想定式,唤起了道家、道教中人热爱大自然、尊重客观规律的美好情操。他们重视"天地与我并生,而万物与我为一"②的自然生态,强调自然界与人、万物之间,宇宙大生命与人体小生命之间的同构与互动关系,诱导人们亲近大自然,尊重生命,从自然哲学转到生命哲学的研究,从而推动了我国古代自然科学的发展,许多科技成果及对自然和生命奥秘的探索成就,首先应该归功于道家。正如李约瑟博士所言:"道家对于大自然的玄思洞识,全与亚里士多德以前的希腊思想匹敌,而为一切中国科学的根基。"③

老子及后来的道家学者,皆一致肯定了万有协和性、涵蕴性及依存性,指出宇宙、天地、万物和人类共同生存,万物与人休戚相关,不容分离,生死相依。道家的这种万物涵蕴、彼此相连的整体和合观,与西方哲学中心物二分、主客对立、人天分判的二分法是截然不同的。

既然人类和大自然、万物本为一个和谐的有机的统一体,人类又有什么理由去暴殄万物,破坏人天共有的生态环境呢?所以老子说:圣人办事自然无为,因此不会失败,不会遭到损失。如果人类能自觉地辅助万物的自然发展而不加干涉,就能保持宇宙良好的生态体系,获得万物并生、人天共存、持久发展的生存空间,体现生命的真正价值。显然,以老子为代表的道家学说颇富远见,其科学价值也是毋庸置疑的,并为近现代社会因片面追求征服自然、主宰万物所造成的前所未有的生态危机所证实。

现代社会的全面危机,在人类确定下一个行程目标之时,卡西勒要求人们重温"敢于认识"的启蒙哲学的座右铭,寻找新的世界观④。于是科学人文主义兴起,老子的"人法地,地法天,天法道,道法自然"⑤的自然人文主义思想被重新发现。环境问题已经成为社会话题,生态问题已经成为政治问题,成为新兴经济学的新原则,并导出教育思想的新规范,产生了哲学的新世界观,甚至促使西方宗教界革新其教谕,催生生态道教的问世。余谋昌先生提出"生态文化"的概念⑥,强调人和自然的统一和不可分割:一方面作用于自然界,改变

---

① 《诸子集成》第4册,第221页。
② 同上书,第17页。
③ 李约瑟著,陈立夫译:《中国古代科学思想史》,南昌:江西人民出版社1999年版,第2页。
④ E.卡西勒著,顾伟铭译:《启蒙哲学》,济南:山东人民出版社1988年版,第7页。
⑤ 《诸子集成》第3册,第11页。
⑥ 余谋昌:《生态文化问题》,《自然辩证法研究》1989年第4期,第1—9页。

自然界，使自然界人化；另一方面自然作用于人，人学习自然的"智能"，提高自身的素质和力量，使人自然化；即不是人统治自然，也不是自然统治人，而是两者相互作用，相互依赖，相互渗透。

余谋昌先生指出：古典道家关注自然，有丰富深刻的人与自然和谐发展的思想。它可以作为现在建设生态文化的深厚的思想之根、宝贵的思想资源。生态伦理学是关于人与自然关系的道德原则、道德标准和行为规范的研究，是人与自然协同发展的道德学说。古典道家提出深刻的生态伦理思想，这是现代生态伦理学建设的重要思想资源。现代人生以个人主义为哲学基础，以物质主义为价值方向，技术至上、科学万能为主要诉求手段，乐此不疲地追求物欲。它不仅是向自然挑战，而且是向社会挑战，向精神挑战。它的后果是，物质是富有了，但自然衰败，精神贫乏，物欲横流，道德低下，滋生种种不良现象，损害自然、社会和个人的全面自由发展。于是人们提出"复归自然"和生态人生的问题。具体而言，在人类发展"生态化"研究中，提出"生态人"概念。道家生态人生的思想，有助于建立科学的"生态人"的理论与实践。总之，虽然古代并没有生态文化，但是古代哲人以其深刻的生态智慧，追求人与自然和谐的生活理想，在阐述对人类未来的美好憧憬时，表达了丰富深刻的生态文化思想。这是建设现代生态文化的宝贵思想资源。古为今用，发挥它的现实意义是完全必要的①。

随着我国工业化、城镇化快速发展，资源日趋紧张、环境污染日趋严重、生态系统逐渐退化的问题日益突出，生态环境问题越来越凸显。习近平总书记站在新的历史方位，对生态文明建设进行了富有前瞻性和创造性的论述。习近平总书记提出："保护生态环境就是保护生产力，改善生态环境就是发展生产力。"② 习近平总书记阐释了经济发展与生态保护之间的辩证关系，揭示出生态环境保护的生产力本质属性。生态生产力是更根本、更富创造性的生产力。绿水青山能产生更多的经济效益，经济发展与环境保护能够实现双赢。习近平总书记提出的构建"政府企业公众共治的绿色行动体系"③，协调"绿水青山"与"金山银山"之间的辩证统一关系，协调人类短期生存与长期生存之间的关系，是解决当前环境问题与生产力发展矛盾的根本出路，既保障了人类社会当下的发展又有利于未来的发展。生态问题追根溯源是体制、制度问题。建立完善的生态文明制度，是推动生态文明建设的最根本性工作。习近平总书记将生态文明理念上升到国家制度层面，大力推动了生态文明制度建设。

随着全球性生态问题的日益凸显，必须把本国生态治理放在全球生态环境的大背景下，加强国际合作，共同携手治理。党的十九大将生态文明建设思想与人类命运共同体紧密结合起来，是对全球生态安全做出的重要贡献。习近平总书记以国家领导人的身份，多次在国际

---

① 余谋昌：《古典道家的生态文化思想》，《烟台大学学报（哲学社会科学版）》2006年第4期，第361—370页。
② 《加快国际旅游岛建设，谱写美丽中国海南篇》，《人民日报》2013年4月11日。
③ 习近平：《习近平谈治国理政》，北京：外文出版社2017年版，第232页。

会议上阐述生态文明思想，在生态领域开展国际合作，向世界表明中国会积极承担国际责任，倡导全球应该牢固树立命运共同体意识。中国积极通过大国合作推动国际生态环境合作。自2014年起，中国相继与美、英、法等国签署"关于2015巴黎气候协议的双边联合声明"，成为全球应对气候变化最为关键的国家之一。2015年12月，在气候变化巴黎大会上，习近平主席重申中国会坚定地作为气候变化的履约国履行责任和义务，并承诺设立中国气候变化南南合作基金，积极推动《联合国气候变化框架公约》196个缔约方通过《巴黎协定》这一历史性文件。习近平超越民族、国家和意识形态的全球生态命运共同体思想，符合全世界人民的共同利益，为解决世界范围的生态危机贡献了中国智慧和中国方案。

习近平生态文明论表明社会的发展应该既是生态的又是文明的，超越了人类中心主义和自然中心主义，为推动中国从工业文明走向生态文明提供了精神动力。习近平生态文明论不仅包括人与自然的和谐共生，还包括生态与文明文化的和谐共生。习近平生态文明思想保持工具理性与价值理性的有机统一，坚持生态环境与文明演进的协调发展，是一种人与人、人与自然、自然与文明和谐共生、共同发展的理念。习近平总书记指示："我们应该遵循天人合一、道法自然的理念，寻求永续发展之路。要倡导绿色、低碳、循环、可持续的生产生活方式，平衡推进2030年可持续发展议程，不断开拓生产发展、生活富裕、生态良好的文明发展道路。"① 东方传统文化中长期被忽视的道家思想的生态智慧被重新发现，这意味着"人与自然的分离"向"人与自然的和谐"的复归。这种复归既是中国优秀传统文化的一种世界性复兴，又是一种新启蒙运动。因为这种复归要求对现代工业文明的自我批判，当然这种自我批判的目的不是埋没理性和科学，而是发展、完善理性和科学。但是未来的发展不会仍然沿着17世纪确定下来的路线前进，却更有可能借鉴中国道家的智慧，另辟一条新的道路——生态文明发展道路。现代科学观在某种程度上向道家思想的复归，正是体现了历史发展的这种趋势。

---

① 2017年1月18日习近平总书记出席"共商共筑人类命运共同体"高级别会议做的主旨演讲。

《史记·老子列传》新解
——兼及老学源流及其与"郭店简""清华简"等新出土文献之关系

马文增[*]

内容提要：作者对《史记·老子列传》个别文字、断句做了订正，并注解、白话译文，认为老子春秋时称老聃，战国时称周太史儋，因其"修道而养寿"；《史记·老子列传》言出有据，司马迁所采用的史料皆真实可信。作者还就老学源流及其与"郭店简""上博简""清华简""马王堆帛书"等出土文献的关系做了分析，提出了一系列新见，如"清华简"出自九连墩楚墓（楚威王墓）、周太史儋谶语之含义、鹖冠子即铎椒、黄石公即庞煖等。

关键词：史记　司马迁　老子　郭店简　清华简

《史记·老子列传》是古代文献中关于老子生平的珍贵资料，但其内容扑朔迷离，且略显芜杂，使得学界据之而研究的老子身份、《老子》成书时间等问题一直难有定论[①]。笔者以为，关于《史记·老子列传》的研究首先要做的是文字考辨、注疏工作，但事实上，按笔者所见，整体而言，至少目前的学界对此并不十分重视，而历史上的"《史记》三家注"关于《史记·老子列传》的注疏亦不可谓之细致，在断句、对原文的理解上尤其存在一些可商榷之处。以下，笔者试对《史记·老子列传》另作注解和白话译文，并结合新出土文献的记载，就《史记·老子列传》的史料来源、老学源流及其与"郭店简""上博简""清华简"以及"马王堆帛书"等新出土文献的关系做探索性的分析。抛砖引玉，请同道批评。

---

[*] 马文增，黑龙江肇东人，北京市社会科学院哲学所助理研究员，从事道家、儒家思想与出土文献、先秦史研究。
[①] 参见伏俊琏、王晓鹃：《〈老子〉的作者及其成书时代》，《求是学刊》2008年第2期，第134页。

一、《史记·老子列传》

老子者，楚苦县厉乡曲仁里人也，姓李氏，名耳，字聃，周守藏室之史也。

孔子适周，将问礼于老子。老子曰："子所言者，其人与骨皆已朽矣，独其言在耳；且君子得其时则驾，不得其时则蓬累而行；吾闻之，良贾深藏若虚，君子盛德容貌若愚——去子之骄气与多欲，态色与淫志，是皆无益于子之身。吾所以告子：若、是而已。"孔子去（怯），谓弟子曰："鸟，吾知其能飞；鱼，吾知其能游；兽，吾知其能走。走者可以为罔，游者可以为纶，飞者可以为矰。至于龙，吾不能知，其乘风云而上天。吾今日见老子，其犹龙邪！"

老子修道德，其学以自隐无名为务。居周久之，见周之衰，乃遂去。至关，关令尹喜曰："子将隐矣，强为我著书。"于是老子乃著书上下篇，言道德之意五千余言而去，莫知其所终。

或曰："老莱（来）子，亦楚人也，著书十五篇，言道家之用，与孔子同。"时云盖老子百有六十余岁，或言："二百余岁，以其修道而养寿也。自孔子死，之后，百二十九年。"而史记周太史儋见秦献公曰："始秦与周合，合五百岁而离，离七十岁而霸（罢）王者出焉。"或曰："儋即老子。或曰非也——世莫知其然，否。老子，隐君子也。"

老子之子名宗，宗为魏将，封于段干。宗子注，注子宫，宫玄孙假，假仕于汉孝文帝。而假之子解为胶西王卬太傅，因家于齐焉。

世之学老子者则绌儒学，儒学亦绌老子。"道不同不相为谋"，岂谓"是邪"？李耳无为自化，清静自正。①

二、注解

（一）老子者，楚苦县厉乡曲仁里人也，姓李氏，名耳，字聃，周守藏室之史也。

注解：

1. 老子者：老，高寿，长寿，《说文》："考也。七十曰老。从人毛匕。言须发变白也。"子，尊称。"老子"之称乃因李耳长寿，若清华简《殷高宗问于三寿》"少寿""中寿""高文成祖"之称②。

---

① （西汉）司马迁：《史记》，北京：中华书局 2009 年版，第 394 页。括号内文字及部分断句乃笔者所做，详见"注解"部分。

② 李学勤主编：《清华大学藏战国竹简》（五），上海：中西书局 2015 年版，第 150 页。

2. 周守藏室之史也：周，东周王室；守藏室，周档案机构，负责记录收藏史籍图册等文献；史，史官。

此段史料不见于其他文献，笔者认为乃司马迁采自老子九世孙李解所出示之家谱。

（二）孔子适周，将问礼于老子。

注解：

1. 孔子适周：孔子赴周。适，往。

2. 将问礼于老子：将，想要。

《孔子家语·观周》记载孔子于周敬王二年"至周，问礼于老子，访乐于苌弘，历郊社之所，考明堂之则，察庙朝之度"①。孔子时年34岁。

（三）老子曰："子所言者，其人与骨皆已朽矣，独其言在耳；且君子得其时则驾，不得其时则蓬累而行；吾闻之，良贾深藏若虚，君子盛德容貌若愚——去子之骄气与多欲，态色与淫志，是皆无益于子之身。吾所以告子：若、是而已。"

注解：

1. 子所言者，其人与骨皆已朽矣，独其言在耳：意古代圣贤及其精神已经不被现在的人所重视了，只有记载古圣贤之言的文献还保存在周守藏室。人，指古圣贤；骨，风骨，骨气，精神，同帛书《老子（乙本）》"弱其志，强其骨"之"骨"②；耳，李耳，老子自称，此代指周守藏室。据此句，笔者认为孔子整理《诗》《书》等所用的史料即誊录自周守藏室所藏文献。

2. 且君子得其时则驾，不得其时则蓬累而行：君子，有道德的人；得其时，时机适宜；驾，乘车，代指做官；累，系，扎。"蓬累而行"意带上行李乘车离去。

3. 去子之骄气与多欲，态色与淫志：去，去除，戒掉；骄气，骄傲之习气；多欲，重欲，各种欲望充斥；态色，矜持之态与自负之表情；淫志，妄念。

4. 若、是而已：若，顺应，意顺应天时；是，正，克己复礼；已，止，止步，意知足而止，中庸。

据帛书本《老子（乙本）》"失道而后德，失德而后仁，失仁而后义，失义而后礼。夫礼者，忠信之薄也，而乱之首也"③ 之言，周公制礼之时，人的道德仁义之心已经开始淡薄，自大、僭越的念头开始占据头脑，因此周公在文王、武王的道德感召力的基础上，用"礼"来约束天下诸侯的欲望。而五百年后，随着周王室道德权威的衰弱，"礼"不再适用，诸侯不再尊重、遵从周王室，彼此之间的交往重视"力量"，于是在这样一个盛行"逞强斗勇"的时代，想用"礼"来实现"安民安天下"的愿望已不可能。但同时，老子肯定孔子的志

---

① 王国轩、王秀梅译注：《孔子家语》，北京：中华书局2006年版，第87页。
② 高明：《帛书老子校注》，北京：中华书局1996年版，第237页。
③ 同上书，第4—5页。

向,指点孔子说虽然以周公所制之"礼"来安定天下已不可能,但整理、传播古圣贤的思想对于挽救世道人心、维护天下秩序还是有意义的,于是老子把周守藏室的原始档案誊录本交予孔子。第二点,就个人的选择来说,君子遇明君则为官,实现"安民"的愿望,但若君主昏昧,则不妨带上行李坐上车离开,到别的国家去传道。这种"遇不遇时也"的思想,正是郭店简《穷达以时》中的观点。孔子后来周游列国,笔者认为和老子的指点有直接关系。第三点,老子教导孔子,无论身处何处,在这样一个人心复杂、危机四伏的时代,要注意深藏不露,以谦卑之道处世,所谓"深藏若虚""容貌若愚",为此就要不断修正自己的言行,要小心谨慎。最后,老子用"若、是、已"三字做总结:"若"是顺应时代的变化,随机应变;"是"乃"日正",注重个人修养之意,要去除"骄气""多欲""态色""淫志",提高自己的心性修养;"已"是要知止,要顺其自然、适可而止,以中庸之道处世。需要强调的是,老子当时教孔子者非仅此三点,据《孔子家语·观周》,孔子告辞时,老子又告诫孔子说:"凡当今之士,聪明深察而近于死者,好讥议人者也;博辩闳达而危其身,好发人之恶者也。无以'有己'为人子,者;无以'恶己'为人臣,者!"① 告诫孔子要能容人,要去除"小我"观念,要能与人合一,做事时首先为对方考虑。笔者认为,老子所教,孔子终身受用,后来根据自己的体会将老子所教总结为"毋意、毋必、毋固、毋我"②(《论语·子罕》)。

(四)孔子去(怯),谓弟子曰:"鸟,吾知其能飞;鱼,吾知其能游;兽,吾知其能走。走者可以为罔,游者可以为纶,飞者可以为矰。至于龙,吾不能知,其乘风云而上天。吾今日见老子,其犹龙邪!"

注解:

1. 孔子去(怯):去,读为"怯",敬畏。孔子曰:"君子有三畏,畏天命,畏大人,畏圣人之言。"③(《论语·季氏》)所谓"畏圣人之言",即指孔子对老子之教诲感到敬畏。

2. 走者可以为罔,游者可以为纶,飞者可以为矰:罔,网;纶,钓鱼之丝线;矰:拴着丝绳的箭。

3. 其犹龙邪:犹,如;邪,同耶,表感叹。

孔子以天上之鸟、地上之兽、水里之鱼代表世间万物,以"为罔""为纶""为矰"喻世间之知识孔子都有办法掌握,但龙非世间之物,故孔子无从捉摸。孔子以龙喻老子,意老子境界高深,自己只能仰视。孔子晚年达到圣人境界,其弟子对孔子的仰视亦与孔子当年对老子的仰视类似,如"颜渊喟然叹曰:'仰之弥高,钻之弥坚,瞻之在前,忽焉在后。'"④(《论语·子罕》)子贡曰:"仲尼,日月也,无得而逾焉。""夫子之不可及也,犹天之不可阶

---

① 无,同"毋";有己,有私心,即"不孝";者,《增韵》:"又此也",合一之意;恶己,有二心,即"不忠"。王国轩、王秀梅译注:《孔子家语》,北京:中华书局2006年版,第87页。
② 《四书五经》,北京:中华书局1996年版,第21页。
③ 同上书,第36页。
④ 同上书,第21页。

而升也。"① (《论语·子张》)

孔子自言"吾十有五而志于学,三十而立"② (《论语·为政》),结合孔子关于"鸟、鱼、兽"之说,可知孔子在问礼于老子之前是以探索万物、积累各种知识为"学(有智慧,明白)"之路径,直到接受了老子"若、是而已"以及"无以'有己'为人子,者;无以'恶己'为人臣,者"的教导之后,才知晓了"为道日损"的道理,从此站在了大道上,大步向前。从老子之言可以看出,三十四岁时的孔子有骄矜之气,多欲、多妄念,又有"小我"之心,而老子之言皆中其要害,故"孔子怵",孔子立刻被折服,心生敬畏,曰:"其犹龙邪!""敬奉教!"③ (《孔子家语·观周》)

孔子"自周反鲁,道弥尊矣。"④ (《孔子家语·观周》。尊,高。)从周返回鲁国之后,孔子之道越发高妙,这显然和老子之教有关。《中庸》首句曰:"天命之谓性,率性之谓道,修道之谓教。"⑤ 笔者以为,孔子三十四岁时问礼于老子而老子授之以大道,孔子自此而"立",并经由"不惑""知天命""耳顺"而终至"不逾矩"之境界,故孔子将老子之教作为"孔门心法"传给曾子,曾子传给子思,曾子、子思又分别将其笔录成文(即《大学》《中庸》的核心主旨)而传之后世。

(五)老子修道德,其学以自隐无名为务。居周久之,见周之衰,乃遂去。至关,关令尹喜曰:"子将隐矣,强为我著书。"于是老子乃著书上下篇,言道德之意五千余言而去,莫知其所终。

注解:

1. 老子修道德,其学以自隐无名为务:学,智慧,笔者认为此着重指应世之学;自,自己;隐,隐蔽,不显露;无名,不追求"名",包括隐去"姓名";务,关键,要务。

2. 见周之衰,乃遂去:之,去,向;遂,决定。

3. 至关,关令尹喜曰:关,函谷关;关令尹,守关之官;喜,名,"关令尹喜"姓宓名喜。据考证,秦国于函谷之道建关据守是秦惠文王时之事⑥,笔者认为具体时间在前328年至前325年之间。

4. 子将隐矣,强为我著书:隐,隐没,不为世人所见;强,勉强,表请求,即请求老子把论道之言留世。

"老子乃著书上下篇,言道德之意五千余言",意老子传道于关令尹喜。

---

① 《四书五经》,北京:中华书局1996年版,第43页。
② 同上书,第7页。
③ 王国轩、王秀梅译注:《孔子家语》,北京:中华书局2009年版,第87页。
④ 同上。
⑤ 《四书五经》,北京:中华书局1996年版,第53页。
⑥ 参见宋杰:《秦对六国战争中的函谷关和豫西通道》,《首都师范大学学报(社会科学版)》1997年第3期,第40页。

（六）或曰："老莱（来）子，亦楚人也，著书十五篇，言道家之用，与孔子同。"时云盖老子百有六十余岁，或言："二百余岁，以其修道而养寿也。自孔子死，之后，百二十九年。"

注解：

1. 或曰：某人说，"或"为"某人"之意，非街谈巷议之人，乃与司马迁就老子生平有过直接对话者，司马迁对其人有绝对的信任，故直接采用其言。笔者认为，据老子世系，此人应为老子第九世孙李解。司马迁在文中用"或"字代称李解，应为李解秉承"自隐无名"之祖训而对司马迁提出的要求。

2. 老莱（来）子，亦楚人也："莱"乃"来"之误。老，老子，老子此时（战国时）称"周太史儋"；来，《尔雅》："至也"；子，弟子，门生；亦楚人也，此指楚威王之太傅铎椒。在对话中，司马迁未听懂"老来子"三字何意，而误以之为春秋时期楚人"老莱子"。

3. 著书十五篇，言道家之用，与孔子同：十五篇，即 1993 年出土的郭店竹简十五篇，包括《老子》[甲、乙、丙（含《太一生水》）]、《缁衣》《鲁穆公问子思》《五行》《穷达以时》《唐虞之道》《忠信之道》《成之闻之》《尊德义》《性自命出》《六德》《语丛一》《语丛二》《语丛三》《语丛四》；与孔子同，意"十五篇"的思想同孔子的思想一致。

4. 时云盖老子百有六十余岁：当时传说老子寿大概一百六十余岁。时，当时；云，传说。此句乃司马迁所言，意在向李解求证。

5. 或言："二百余岁，以其修道而养寿也"：或，此指李解；养寿，延寿，益寿。意老子修道有成，能延长寿命，在世共二百余年，直到"见周之衰，乃遂去"，直到完整的见证了周衰落时期的天下乱象，才决定离世。道家高人因修道而长寿屡见于古籍，据出土文献清华简《殷高宗问于三寿》记载，殷高宗与彭祖于洹水高台论道时，彭祖至少四百余岁①。

6. "自孔子死，之后，百二十九年"：自孔子死，即前 479 年；之后，留下后代，即生子，"之"为动词，去、往，此引申为"有"，即老子之子李宗出生；百二十九年，时年老子一百二十九岁。以此计算，老子生于前 608 年。孔子 34 岁入周问礼时，老子年 90 岁。

以上为老子九世孙李解口述，司马迁所记录者。

"自孔子死之后百二十九年"，文字表述啰唆拗口，意思模糊，而若将其视为"而史记周太史儋见秦献公"的时间则与《史记·周本纪》《史记·秦本纪》《史记·封禅书》的"周烈王二年""秦献公十一年""……后四十八年"（三者皆为前 374 年）的记载不合，而且下句"而史记周太史儋见秦献公"的"而"字无法解释。

（七）而史记周太史儋见秦献公曰："始秦与周合，合五百岁而离，离七十岁而霸（罢）王者出焉。"或曰："儋即老子。或曰非也——世莫知其然，否。老子，隐君子也。"

注解：

---

① 参见李学勤：《新整理清华简六种概述》，《文物》2012 年第 8 期，第 66 页。

1. 而史记周太史儋见秦献公曰：而，表顺承。司马迁根据李解关于老子年龄的说法推算，认为周太史儋就是老子，故用"而"字提起此事，向李解求证。

2. 始秦与周合，合五百岁而离：指秦仲至秦惠文公期间。前824年秦仲被周宣王任为大夫，直至前325年秦惠文公改元称王，相距五百年。

3. 离七十岁而霸（罢）王者出焉：霸，应为"罢"，废黜意，乃当年秦史官未理解老子所言"罢王"之意而误记为"霸王"；王，此指作为天子的周赧王；出，去，此指出兵。前256年，秦昭王出兵灭周，距秦惠王称王七十年。

4. 或曰非也——世莫知其然，否：世，世人，此指后世之人；然，代词，如此，那样，真相；否，否定。李解肯定了太史儋就是老聃，说后世之人因不知老聃修道而延寿之真相，所以才说老聃和太史儋不是同一人。

5. 老子，隐君子也：隐，深隐，深藏不露，隐姓埋名；君子，《礼记·曲礼上》："博闻强识而让、敦、善，行而不殆，谓之君子。"①《孔子家语·观周》载孔子曰："吾闻老聃博古知今，通礼乐之原，明道德之归。"②

周太史儋关于秦与周之"合""离"及"霸（罢）王者出"等谶语，学界多有分析，但未有定论③。关于周太史儋见秦献公所言谶语，《史记·周本纪》记为"始周与秦国合而别，别五百载复合，合十七岁而霸（罢）王者出焉"，《史记·秦本纪》《史记·封禅书》所言与之相同，只存在个别字同义替换现象。笔者认为，《周本纪》所载之谶语与《老子列传》所载之谶语并非同一则，而是两则，皆为秦史官所记。《周本纪》所言"始周与秦国合而别，别五百载复合"，言周孝王封非子于秦，赐姓嬴；秦仲时秦成为诸侯国，五百年后秦昭王灭周，尽取周地；"合十七岁而霸（罢）王者出焉"④，指前238年，秦王嬴政亲政，"霸（罢）王者出焉"意废掉六国之王的人（秦始皇）正式出现在历史的舞台上。

（八）老子之子名宗，宗为魏将，封于段干。宗子注，注子宫，宫玄孙假，假仕于汉孝文帝。而假之子解为胶西王昂太傅，因家于齐焉。

注解：

李宗生于前479年，魏于前403年成为诸侯国，则李宗为魏将时至少约80岁，可知李宗亦从老子"修道而养寿"，即老子曾传道于后嗣。

笔者认为，司马迁与老子之九世孙李解有过交谈，司马迁从李解处了解到老子的生平、事迹，并眼见其家谱。

---

① 《四书五经》，北京：中华书局1996年版，第297页。
② 王国轩、王秀梅译注：《孔子家语》，北京：中华书局2009年版，第87页。
③ 参见晁福林：《周太史儋谶语考》，《史学月刊》1993年第6期，第22页。
④ （西汉）司马迁：《史记》，北京：中华书局2006年版，第26页。

(九)世之学老子者则绌儒学,儒学亦绌老子。"道不同不相为谋",岂谓"是邪"?李耳无为自化,清静自正。

注解:

1. 世之学老子者则绌儒学,儒学亦绌老子:世,世人;绌,排斥。

2. "道不同不相为谋",岂谓"是邪":道,道路,此指观念;谋,咨询,沟通,商议;岂,怎么,如何;谓,评论;是,正确,对;邪,非,错。

3. 李耳无为自化,清静自正:无为,随其自然,不妄动;自化,指攻讦诋毁自动化除;清静,祥和安静,意不辩白;自正,误解自然就消除,不正确的看法自动就纠正过来,意以自心之正来纠正外在之不正确的看法。郭店简《穷达以时》:"誉毁在旁,听之弋母,缁白不釐,穷达以时。幽明不再,故君子敦于反己。"①

汉代,儒家学者和道家学者有相互排斥的现象,道家之说经常遭到诋毁。而面对类似的情况,老子当年无为而清静,不争不辩,而外在的攻讦自败,误解自消。

三、白话译文

老子,出生于楚苦县厉乡曲仁里,姓李,名耳,字聃,周守藏室之史官。

孔子入周,想向老子问礼。老子说:"你所谈论的那些圣贤和他们的智慧、精神都已不被今世之人所重视了,但记载着圣贤言论的典籍还保存在我这里(指周守藏室——笔者注);况且,时机有利君子便出来为官,时机不利则不妨周游四方、传道于全天下;我听说,良贾深藏而不露富,君子盛德而平易近人——去除你的骄气与过多的欲望,以及矜持之态与妄念,这些都对你有害。我所要告诉你的,是'顺应时势''克己复礼'和'适可而止'。"孔子对老子之言感到敬畏,对弟子说:"鸟,我知其能飞;鱼,我知其能游;兽,我知其能跑。兽可以捕之,鱼可以钓之,鸟可以射之。但对于龙,我无法掌握其行踪,其乘云驾雾扶摇而上。我今日见老子,感觉老子就像龙一样啊!"

老子修道德,其处世智慧以"自隐、无名"为特点。老子任周守藏室史官很久,见周气数将尽,才决定离去。走到函谷关,关令尹喜说:"您将要隐去了,恳请您为我著书。"老子就在函谷关著书上下篇,阐述道德的意义,共五千余字,然后出关而去,世人莫知其最终去向。

某人(即老子九世孙李解——笔者注)说:"老子曾有弟子自远方来,也是楚国人,老子为其著书十五篇,言道家之应用,和孔子所讲授的一致。"当时传说老子寿百六十余岁,李解说:"老子在世二百余年,因为老子修道有成,故延长了寿命。孔子离世那年,老子有子,其时老子一百二十九岁。"而秦史官曾记载周太史儋见秦献公说:"最初秦臣服于周,五

---

① 荆门市博物馆编:《郭店楚墓竹简》,北京:文物出版社1998年版,第145页。

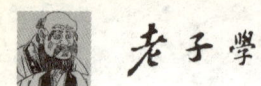

百年后自立,自立之后七十年废周王者出兵。"李解说:"周太史儋就是老子。有人说不是,那是因为不知老子能延寿之真相,所以才否定周太史儋即老子。老子乃深藏不露之君子。"

老子之子名宗,李宗曾为魏将,封于段干。宗之子名注,注之子名宫,宫之玄孙名假,假于汉孝文帝时为官。假之子名解,是胶西王昂的太傅,因此举家迁齐。

世人学老子的就排斥儒学,学儒学的也排斥老子之学。彼此的观念不同就不能相互理解,岂能评判对方是正还是邪?李耳当年不争而攻讦自败,清静不辩而误解自消。

四、《史记·老子列传》的史料来源

笔者认为,司马迁既自李解处知老子乃深藏不露、博闻强识而谦让、敦朴、善良,终生行道而不殆的"君子",且司马谈关于道家的观点对司马迁的影响亦深,故其于老子的种种传说有鉴别力,为老子作传时于无稽之谈一概不取,所用史料皆真实可信,有据可查。

首段,"老子者"至"周守藏室之史也",乃司马迁录自老子九世孙李解所示之家谱。

第二段,"老子适周"至"其犹龙邪",乃司马迁录自《孔子家语·观周》篇。《孔子家语》自宋代后曾被疑为伪书,但近代出土文献证明其确为先秦古籍。据元马端临《文献通考·经籍考》,《孔子家语》成书与《论语》同时,与《论语》《孝经》同时流传,孔安国搜集整理为四十四篇,司马迁从中直录孔子问礼于老子之文字。《孔子家语》见于《汉书·艺文志》,"凡二十七卷",但其书早佚,直至三国时期魏王肃再次将其搜集整理成书。唐颜师古注《汉书》时,曾曰《汉书》所记二十七卷本"非今所有《家语》",即王肃搜集整理的十卷本已非孔安国版本①。

王肃本《孔子家语·观周》流传至今,考察其文本,其与老子有关之文字如下:

> 孔子谓南宫敬叔曰:"吾闻老聃博古知今,通礼乐之原,明道德之归,则吾师也,今将往矣。"对曰:"谨受命。"遂言于鲁君曰:"臣受先臣之命云:'孔子圣人之后也。灭于宋。其祖弗父何,始有国而授厉公。及正考父佐戴、武、宣,三命兹益恭。故其鼎铭曰:"一命而偻,再命而伛,三命而俯。循墙而走,亦莫余敢侮。饘于是,粥于是,以糊其口。"其恭俭也若此。'臧孙纥有言:'圣人之后,若不当世,则必有明君而达者焉。孔子少而好礼,其将在矣。'属臣曰:'汝必师之。'今孔子将适周,观先王之遗制,考礼乐之所极,斯大业也!君盍以乘资之?臣请与往。"公曰:"诺。"与孔子车一乘,马二匹,竖子侍御。敬叔与俱。
>
> 至周,问礼于老聃,访乐于苌弘,历郊社之所,考明堂之则,察庙朝之度。于是喟

---

① 关于《孔子家语》之流传可参看李海霞:《〈孔子家语〉的成书及版本流传》,《商丘师范学院学报》2017年第8期,第60页。

然曰:"吾乃今知周公之圣,与周之所以王也。"

及去周,老子送之,曰:"吾闻富贵者送人以财,仁者送人以言。吾虽不能富贵,而窃仁者之号,请送子以言乎:凡当今之士,聪明深察而近于死者,好讥议人者也;博辩闳达而危其身,好发人之恶者也。无以'有己'为人子,者;无以'恶己'为人臣,者!"孔子曰:"敬奉教。"自周反鲁,道弥尊矣。远方弟子之进,盖三千焉。①

孔子欲赴周,直言其首要目的是向老子请教;南宫敬叔向鲁君请求予以支持;鲁君重视,予孔子以车马、侍从,南宫敬叔则随从,这段内容共220余字。但是,孔子到了周之后,关于问礼乐于老子之事,仅以"问礼于老子"5字一笔带过,全然不记孔子见老子的过程以及关于"礼乐"的交谈,仅仅记录了孔子离开周时老子对孔子的赠言,而老子之赠言又全然与"礼乐"无涉,这显然不正常。据此,笔者以为,《汉书·艺文志》所记的孔安国版《孔子家语》中,本有司马迁所引的"孔子适周,将问礼于老子"至"其犹龙邪"这段话,但在孔安国版《孔子家语》散佚后又由王肃重新搜集整理而成并流传至今的版本中,这段话被删除了。删除的原因,笔者以为即司马迁所言的"世之学老子者则绌儒学,儒学亦绌老子",盖学老子者凭这段记载而微言儒家之"礼",学孔子者则难以接受孔子师于老子,故在传承《孔子家语·观周》的过程中有人将这段记载删除了。

第三段,"老子修道德"至"莫知其所终",乃司马迁笔录其父司马谈之旧文。《史记·太史公自序》记司马迁之父司马谈"学天官于唐都,受易于杨何,习道论于黄子"②,又记司马谈所作《论六家要旨》之论道家语曰:

> 道家使人精神专一,动合无形,赡足万物。其为术也,因阴阳之大顺,采儒墨之善,撮名法之要,与时迁移,应物变化,立俗施事,无所不宜,指约而易操,事少而功多。
>
> ……
>
> 道家无为,又曰无不为,其实易行,其辞难知。其术以虚无为本,以因循为用。无成势,无常形,故能究万物之情。不为物先,不为物后,故能为万物主。有法无法,因时为业;有度无度,因物与合。故曰"圣人不朽,时变是守。虚者道之常也,因者君之纲"也。群臣并至,使各自明也。其实中其声者谓之端,实不中其声者谓之窾。窾言不听,奸乃不生,贤不肖自分,白黑乃形。在所欲用耳,何事不成。乃合大道,混混冥冥。光耀天下,复反无名。凡人所生者神也,所托者形也。神大用则竭,形大劳则敝,形神离则死。死者不可复生,离者不可复反,故圣人重之。由是观之,神者生之本也,

---

① 王国轩、王秀梅译注:《孔子家语》,北京:中华书局2009年版,第87页。
② (西汉)司马迁:《史记》,北京:中华书局2006年版,第758页。

形者生之具也。不先定其神形，而曰"我有以治天下"，何由哉？①

司马谈对道家的认识之精深素为学者重视，其师承、职守又使其有知老子出关之事之机会，故笔者认为其在世之时已开始搜集整理关于老子之史料。《史记·太史公自序》记司马谈嘱司马迁继承其事时说："迁俯首流涕曰：'小子不敏，请悉论先人所次旧闻，弗敢阙。'"② 笔者以为，司马谈交付给司马迁的旧文中就有关于老子出关的记载，而司马迁作《老子列传》时则直接采用了司马谈的旧文。

第四段，自"或曰老莱（来）子"至"老子隐君子也"，乃司马迁所做对老子九世孙李解的口述实录。

第五段，"老子之子名宗"至"因家于齐焉"，来自李解所示之家谱和李解之口述。

第六段，自"世之学老子者则绌儒学"至"清静自正"，"互绌"云云乃来自司马迁对《庄子》等书中对孔子的微词，以及汉初时儒道学者之间互相辩驳的观察；以《论六家要旨》对照，可以发现"老子无为自化，清静自正"是司马谈对老子之智慧的认识，为司马迁所继承。

五、老学源流及其与郭店简、清华简等新出土文献的关系

老子作为周守藏室之史官，遍览历代文献，吸收先圣之道（尤其是黄帝、尧舜禹之道及文王之道），集历代圣人智慧于一身。而在历史发展过程中，老子渐以道教始祖之身份而名世，真实的生平事迹则被湮没，其于古代典籍整理、留传之功更不为人所知。

就老学之流传来说，从《史记·老子列传》可以看出，老子之道除了作为"家学"一直传至老子九世孙李解外，还有三条脉络：其一，老子以"若、是而已""无我"之心法教孔子，孔子又传颜回、曾子，曾子传子思，子思笔之于书而孟子得其所传，脉络清晰；"独其言在耳"句暗示老子又将部分周守藏室文献誊抄本交予孔子，孔子此后据此整理出《诗》《书》等。其二，老子又于函谷关"著书上下篇，言道德之意五千余言"以教关令尹喜，关令尹喜传麻衣，麻衣传希夷，希夷传火龙，火龙传三丰，"或以为隐仙派者"③。其三，至于"老来子，亦楚人也"所言的作为"楚人"的"子"（弟子），笔者据对"郭店简""清华简"等出土文献的研究，认为其人乃楚威王之太傅铎椒。老子弟子中，孔子一脉和关令尹喜一脉皆史有所载，而铎椒一脉则不为人知。

笔者认为，近年来"马王堆帛书""郭店简""上博简""清华简"等出土文献的面世，

---

① （西汉）司马迁：《史记》，北京：中华书局2006年版，第759页。
② 同上书，第760页。
③ 董沛文主编、陈全林点校：《新编张三丰先生丹道全书》，北京：团结出版社2008年版，第12页。

为发掘、理清铎椒一脉的传承和其历史贡献提供了条件。唯此题目大而复杂，若详论之数十万言亦不为多，限于本文主题及篇幅，以下略言之。

史籍中关于铎椒生平之记载甚少，唯《史记·十二诸侯年表》曰"铎椒为威王傅，为王不能尽观春秋，采取成败，卒四十章，为《铎氏微》"①，以及杜预引刘向《别录》所说"铎椒作《抄撮》八卷"。1993年，郭店一号墓被发掘，关于墓主人的认定众说纷纭，笔者据对其中的出土器物及竹简《老子》《唐虞之道》《五行》等十五篇的研究，结合郭店一号墓的年代、地理位置等因素考虑，判断郭店一号墓的墓主人即是铎椒。关于铎椒其人，从郭店一号墓随葬品中有写有"东宫之杯"四字的漆耳杯、铜剑、铜戈、铜铍、箭镞等器物看，说明铎椒除曾教楚威王读书外，亦曾有过任武将的经历；从龙首玉带钩、漆奁、方形铜镜等物来看，其生活简洁朴素；从七弦琴来看，其兴趣高雅，多才艺；从鸠杖（两根）看，说明其寿长，至少超过八十岁②。

笔者又据对2008年入藏清华大学的"清华简"的研究认为，《史记·老子列传》所言"老来子，亦楚人也"之铎椒赴周见老子并非出于私事，乃率楚史官团队赴周抄录周守藏室所藏之典籍，其中的一个目的是供楚威王阅览，盖楚威王有大志，欲自古文献中汲取先帝王之经验与智慧。《史记·老子列传》所记之老子"著书十五篇，言道家之用"以授铎椒，正与此有关，即老子希望铎椒能"以道佐人主，不以兵强于天下"（帛书本《老子》）。由此，周守藏室所藏文献精华的楚文字抄本就流入了楚国。

就这批周守藏室古文献楚文字抄本的流传与去向来说，笔者认为，其中一部分随葬楚威王，于2002年左右被盗掘出土于九连墩一号墓（笔者认为即楚威王墓）③，后被辗转收藏于清华大学，称"清华简"，其中包括《尹至》《保训》等商周时期原始文献抄本，以及老子应楚威王之请而作的《系年》等④；一部分随葬铎椒，20世纪90年代初被盗掘出土于郭店一号墓（边厢），后被辗

---

① （西汉）司马迁：《史记》，北京：中华书局2006年版，第112页。

② 参见刘祖信、邢文编译：《郭店一号楚墓概述》，《郭店老子与太一生水》，北京：学苑出版社2005年版，第6页。

③ 笔者认为，2003年发掘的九连墩古墓1号墓的墓主人即是楚威王。据相关报道，九连墩1号墓出土了楚地最大的青铜鼎；出土的各类乐器齐全，规模为全国同类型之最；发现了目前楚国最大的车马坑（1号车马坑），其中有六马之车，等等，这些都将墓主人的身份指向楚王，而不是学界认为的"楚国贵族"。从九连墩2号墓出土的1359枚竹简看（据王先福等著：《湖北枣阳九连墩2发掘简报》，《江汉考古》2018年第12期，第3页），竹简一面无字，一面有精美纹饰。首先，笔者认为竹简一面空白，意"无"字，乃老子修心之道，即授孔之"去子之骄气与多欲、态色与淫志"，一面有纹饰，暗示"文"字，即《史记·老子列传》"老子隐君子也"；其次，竹简共1359枚，笔者认为这个数字是暗示2号墓墓主人的身份为1号墓墓主人之"妻"，1号墓墓主人的身份为"九五"所代表的楚王，其寿为三十一岁。结合清华简年代鉴定结果（公元前305±30年），以及楚国末期楚王年寿的记载综合分析，可以断定一号墓的墓主人为楚威王，其于前360至前329年间在世。九连墩2号墓出土的"公"字铭文刮刀寓意以公心运用权力。"慎克自作荐箐"之铭文则说明楚威王夫妇以"慎、克自"为教（"谨慎、克制私欲以为道"，"荐"为"坐席"意，以"荐"喻"道"，意不可离于道），正与老子以"去子之骄色与多欲、态色与淫志"之教及老子亲撰而授楚威王的"清华简《系年》"的主题相一致。种种迹象说明铎椒曾以老子之道授楚威王，而楚威王墓的布局与随葬器物亦出自精心安排。

④ 特别值得指出的是，清华简《系年》非史书，乃老子以史证道之作，其中老子尤以大量史事提醒楚威王"祸福有因"，应"慎用兵""慎欲"等。

转收藏于上海博物馆,称"上博简";老子所予铎椒之"十五篇"亦随葬铎椒,考古发掘出土于头厢,称"郭店简",即简本《老子》《性自命出》《穷达以时》《五行》等。除此之外,笔者认为另有一部分辗转流传,于1973年考古发掘出土于马王堆三号墓,称"马王堆帛书"。

关于"马王堆帛书"与老子之关系,笔者据对郭店一号墓出土文物、马王堆帛书及《鹖冠子》《史记·赵世家》《史记·留侯世家》《素书》等文献分析认为,楚威王去世后,铎椒遵循老子"自隐无名"之教而退隐,退隐后的铎椒以"羽扇纶巾"而被时人称之为"鹖冠子"(非班固所谓"楚人,居深山,以鹖为冠"),习老子所传之道而"养寿",并曾据老子所予之"十五篇"而自作书①;隐居期间,铎椒传道予庞煖,并将部分周守藏室文献抄本交付庞煖。庞煖为赵将,赵悼襄王死后,庞煖亦遵循"自隐无名"之教归隐,时人称之为黄石公,亦"修道而养寿";黄石公(庞煖)于"下邳圯上"授张良以《太公兵法》,后又授张良以导引术②,并将铎椒所传之古文献抄本及《素书》交付给张良③。秦末汉初,张良所藏周守藏室文献抄本在小范围内有所传布,汉长沙国丞相利苍得之而以帛抄之,此帛书于1973年出土于马王堆汉墓三号墓,其中即有《周易》《黄帝四经》《导引图》及老子所亲撰之《老子》(即《德道经》,笔者认为其乃老子据亲身感悟及周守藏室典籍如《黄帝四经》《恒先》《殷高宗问于三寿》等文献的精华提炼而成)等。

---

① 如《鹖冠子·夜行》"随而不见其后,迎而不见其首"(黄怀信:《鹖冠子校注》,北京:中华书局2014年版,第24页)句袭自帛书《老子》,一字不差。又如《鹖冠子·度万》"所谓天者,非是苍苍之气之谓天也;所谓地者,非是膞膞之土之谓地也"(黄怀信:《鹖冠子校注》,北京:中华书局2014年版,第134页)一句,笔者认为乃自郭店简《太一生水》"上,气也,而谓之天;下,土也,而谓之地"(荆门市博物馆编:《郭店楚墓竹简》,北京:文物出版社1998年版,第125页)句出,而郭店简《太一生水》乃简本《老子(丙)》之组成部分,简本《老子》乃老子所著并予铎椒之"十五篇"之一。

② 《史记·留侯世家》载,"圯上老人"谓张良曰:"十三年孺子见我济北,谷城山下黄石即我矣。"(司马迁:《史记》,北京:中华书局2006年版,第359页)又记张良"愿弃人间事,欲从赤松子游"之语以及张良"学辟谷,道引轻身"之事(司马迁:《史记》,北京:中华书局2006年版,第364页)。

③ 比较而言,《素书》所言亦多自老子所予铎椒之"十五篇"及老子所予楚威王之"清华简《系年》"中悟出,如《素书·原始章》曰:"……故潜居抱道,以待其时。若时至而行,则能极人臣之位;得机而动,则能成绝代之功。如其不遇,没身而已。"(黄石公著,李慧、李彦舟释评:《素书》,北京:经济日报出版社2009年版,第9页)明显同于老子所教孔子之"君子得其时则驾,不得其时则蓬累而行"(司马迁:《史记》,北京:中华书局2009年版,第394页),用词以及语气更与"十五篇"之《穷达以时》相似;《素书·安礼章》之"福在积善,祸在积恶"句(黄石公著,李慧、李彦舟释评:《素书》,北京:经济日报出版社2009年版,第11页)则又是"清华简《系年》"的主题;《素书·求人之志章》"绝嗜禁欲,所以除累""抑非损恶,所以禳过""高行微言,所以修身"(黄石公著,李慧、李彦舟释评:《素书》,北京:经济日报出版社2009年版,第10页)云云,亦同见于《史记·老子列传》和《孔子家语·观周》的老子之教。

从《老子》"小国寡民"的社会理想到现代新型社区的构建

丁倩梅[*]

内容提要：社区作为中国社会人群聚集的基本单位，在一定程度上是中国宏观社会的缩影。如何通过社区治理来推动社会治理已然成为我国社会学家、政治学家和管理学家们关注的热点问题，而通过发扬传统文化推进社区治理也受到越来越多学者的关注。道家文化向来以"无为""道法自然"为其宗旨，这一宗旨中蕴含有诸多有助于社会管理的思想。本文旨在通过对《老子》"小国寡民"的社会理想进行解析，发掘其在现代新型社区构建中的价值意义。

关键词：老子　小国寡民　社会理想　现代理想社区

随着中国现代化和城镇化进程的不断加快，社会发展中存在的种种矛盾也进一步深化，发展的不平衡性与不充分性所带来的交通拥堵、环境污染等各类问题日益凸显。社区作为中国社会人群聚集的基本单位，是人们日常交往和生活的重要场所。其在特定自然条件和生态环境范围之内，拥有一定规模的基础设施以及一定数量的人口，并以此为基础形成了具有一定文化特征的人群共同体，它在一定程度上是中国宏观社会的缩影。因此，如何通过社区治理来推动社会治理已然成为我国社会学家、政治学家和管理学家们关注的热点与难点，而通过发扬传统文化推进社区治理受到越来越多学者的关注和推崇。道家文化向来以"无为""道法自然"为其宗旨，但老子在言及"无之以为用"的同时，也言"有之以为利"，我们不能过度看重无为之用，而忽略了有为之利，正如《老子》开篇所言"故常无欲，以观其妙；常有欲，以观其徼。此两者同出而异名，同谓之玄，玄之又玄，众妙之门"[①]，蒙文通先生

---

[*] 丁倩梅，四川大学管理学硕士，现任四川广播电视大学（四川省社区教育服务指导中心）讲师。
[①] （魏）王弼注，楼宇烈校释：《老子道德经注校释》，北京：中华书局2008年版，第1—2页。

引成玄英注曰:"有欲之人,唯滞于有;无欲之士,又滞于无;故说一玄,以遣双执。又恐学者滞于此玄,今说'又玄',更祛后病。既而非但不滞,亦不滞于不滞,此则遣之又遣,故曰玄之又玄。"① 因此,《老子》言"无"并非否定"有"的功效,并非认为社会管理需要无所作为,而是应该有无并重。由于《老子》思想博大精深,本文仅探讨《老子》"小国寡民"的社会理想在现代新型社区构建中的意义。

一、《老子》版本说明

由于学界对于老子(生卒年不详)其人其书存在有三种说法,因此有必要对于本论文采用的《老子》版本进行说明。关于老子生平及著作,一种说法认为,老子为周朝史官李耳,著《老子》。《史记·老子韩非列传》曰:"老子者,楚苦县厉乡曲仁里人也,姓李氏,名耳,字聃,周守藏室之史也。"② 按照《中国历代官制大辞典》的说法"守藏史,官名。周朝置。一说商已置。史官,掌藏国家图籍"③。也就是说守藏史是周朝设置的官职,老子作为当时的史官,主要负责掌管国家图书典籍。第二种说法认为,老子为楚人,著《老莱子》十六篇。第三种说法认为,老子为秦献公时的太史儋,相传太史儋西去流沙,过函谷关之时,应关令尹喜之请著《道德经》五千言,即关令尹本的《老子》。除此之外,还有庄子所引本、韩非解老本、项羽妾本、马王堆帛书本、河上公本、王弼注本、西汉诸氏本传世。笔者此处以王弼(226—249)所注的版本为研究基础,以求尽挖掘《老子》"小国寡民"思想中关于理想社会构建的精髓,将其与现代新型社区构建相链接,勾勒出现代新型社区的理想社区样态模型,并进一步探讨其构建的途径。

二、《老子》"小国寡民"的理想社会样态分析

老子关于理想社会有过这样一段描述:"小国寡民,使有什伯之器而不用,使民重死而不远徙。虽有舟舆,无所乘之;虽有甲兵,无所陈之;使人复结绳而用之。甘其食,美其服,安其居,乐其俗。邻国相望,鸡犬之声相闻,民至老死不相往来。"④ 如果单看字面意思,我们很容易在理解上产生偏差,这种偏差可能使我们在领会老子思想深意的过程中南辕北辙。因此,笔者对容易引发误解的部分进行以下分析和说明。

(一)"小国寡民"释义

关于"小国寡民",王弼注释曰:"国既小,民又寡,尚可使反古,况国大民众乎!故举

---

① 蒙文通:《蒙文通文集》,成都:巴蜀书社2001年版,第496页。
② (西汉)司马迁撰,(南朝宋)裴骃集解,(唐)司马贞索隐,(唐)张守节正义:《史记》,北京:中华书局1959年版,第7册,第2139页。
③ 吕宗力主编:《中国历代官制大辞典》,北京:商务印书馆2015年版,第418页。
④ (魏)王弼注,楼宇烈校释:《老子道德经注校释》,第190页。

小国而言也。"① 他认为如果在国土疆域较小、人口较少的"国"都能够复归到原始的生活方式，那么疆域广阔、人口众多的城邦就更容易了，所以《老子》才举"小国寡民"为例。河上公（生卒年不详）注曰："圣人虽治大国，犹以为小，简约不奢泰。民虽众，尤若寡也，不敢劳之也。"② 按照河上公的注解，《老子》之意是圣人在治"国"之时，无论大小，都按照小"国"来治理。就算百姓众多，也将其当作人少来治理，不轻易滋扰百姓。笔者对此两种注解都不太认同。汉代许慎《说文解字》言："国，邦也。"③ 段玉裁注："周礼注曰：'大曰邦，小曰国。'"④ 又言："古者城郭所在曰国、曰邑。而不曰邦。邦之言封也。"⑤ 也就是说，"国"在周朝本来指代的是"城市"，考察中国行政区划的历史也能证实这一点。在西周时期，周天子统治的范围称为"天下"，又称为"周邦""周""有周"，那时已有了中央和地方区域的划分，即中央地区（王畿）和远离中央地区以外的区域。远离中央地区以外的区域被称为"万邦"，即各类地方政权，也就是周天子分封的诸侯国。西周时期的诸侯国即是"城"。那么西周时期的"城"有多大呢？查阅《中国历史地图集》⑥ 可知，诸侯各国广泛分布于中原地区，面积各不相同，大的横跨多个省市，小的守县、乡为城。

至春秋时期，诸侯国不断扩张，掠夺土地人口，灭国为县，据《左传》哀公七年记载，周初诸侯国一千有余，到春秋后期已如子服景伯所说："今其存者，无数十焉。"⑦ 身处春秋时期的老子，眼见各诸侯灭国设县、征战掠夺的乱世景象，希望回到诸侯之间并存无害的西周初期便在情理之中。因此，"小国寡民"并非为我们勾勒了一个"领土较小，人口较少"的理想社会，也不是河上公注解的那样，大国小国都按照小国来治理的意思。"小国寡民"所要表达的是无论国家大小、人口多少，人人都能固守自己的本分，没有巧取豪夺之心的状态。因此，其只不过是老子对于"和平""止战"生活的向往和希冀，这也在他紧接着描述的"使有什伯之器而不用，使民重死而不远徙。虽有舟舆，无所乘之；虽有甲兵，无所陈之"⑧ 中得到印证。因为，如果各诸侯国都没有了抢掠土地和人口的贪欲，那用于征战的舟舆、甲兵、武器自然派不上用场了，百姓都不用再因为征战而远徙他乡。

（二）"邻国相望"释义

王弼在注解《老子》时，将"虽有舟舆，无所乘之……邻国相望，鸡犬之声相闻，民至老死，不相往来"概括为一个词"无欲无为"⑨。笔者在考察"望"字字形的历史演变时发

---

① （魏）王弼注，楼宇烈校释：《老子道德经注校释》，北京：中华书局2008年版，第190页。
② 王卡点校：《老子道德经河上公章句》，北京：中华书局1997年版，第303页。
③ （汉）许慎撰，（宋）徐铉校订：《说文解字》，北京：中华书局2013年版，第125页。
④ （清）段玉裁：《说文解字注》，北京：中华书局2013年版，第280页。
⑤ 同上书，第285页。
⑥ 谭其骧主编：《中国历史地图集》第1册，北京：中国地图出版社1982年版，第15—16页。
⑦ 杨伯峻编著：《春秋左传注》第6册，北京：中华书局2016年版，第1833页。
⑧ （魏）王弼注，楼宇烈校释：《老子道德经注校释》，北京：中华书局2008年版，第190页。
⑨ 同上。

现,"望"的甲骨文字形(如图一所示),是人侧身立在土堆之上,瞪大眼睛的形象,有登高远看之意。细看头部类似一个臣字,而"相"字也有"平等"之意,上文已述关令尹本的《老子》成书于秦献公时期,其时诸侯各国都是周天子的臣民,因此"邻国相望"暗含了诸侯各国无论大小在地位上都应该一律平等,都是周天子的朝臣。此为"邻国相望"的第一重含义。

图一:"望"字的甲骨文写法②

再者,汉代许慎(约58—147)《说文解字》言:"望出亡在外。望其还也。"② 清代段玉裁注曰:"还者,复也。本意。引申之为令闻令望之望。"③ 即"望"字本意为对外出流亡的亲人的思念,期望他们返回家乡。在《老子》成书的年代,各诸侯国的臣民因为通婚、战乱、瘟疫等原因而流亡或迁徙他国的百姓不在少数,诸侯各国百姓间存在着千丝万缕的联系,因此"邻国相望"也包含了诸侯各国百姓之间互相牵挂的相思之情,也寄托了《老子》作者希望百姓安居乐业、合家团圆的心愿。既然诸侯各国的子民都亲如兄妹,天下本是一家,那么他家即是我家,他国即是我国,他国的子民亦是我国的子民,"邻国相望"意为劝诫诸侯各国之间互不侵犯,和平共处,守望相助。此为"邻国相望"的第二重含义。

另外,《诗经·大雅·卷阿》之中有"颙颙卬卬,如圭如璋,令闻令望,岂弟君子,四方为纲"④ 之言。"令闻令望"是指天子拥有好的名声和美好的威仪,使人景仰膜拜。《说文解字》对望的注解为:"朢,月满也。与日相望。朝君也。从月。从臣。从壬。壬朝廷也。"⑤ 清代段玉裁注曰:"此与望各字。望从朢省声。今则望专行而朢废矣。"⑥ 又言"以迭韵为训。原象曰,日兆月。而月乃有光。人自地视之。惟于望得见其光之盈。朔则日之兆月,其光向日下。民不可得见。余以侧见而阙","韵会作月望日。如臣朝君于廷"⑦。也就是说,"望"字在古代同"朢",指月满之时。

众所周知,当月亮绕行至太阳和地球之间,月亮阴暗的一面对着地球时为"朔",当月亮绕行至地球的后面,被太阳照亮的半球对着地球为"望",也即"无月为朔,满月为望"。"望"为月与日相对,而自古以来就有喻君为日,喻臣为月,有着"日月相望"的说法,也就是说君臣各有位分,不可僭越,不可滋扰。"朔"时,君臣乱了位分,君不为君,臣不为

---

① 李学勤主编:《字源》中册,天津:天津古籍出版社2013年版,第727页。
② (汉)许慎撰,(宋)徐铉校订:《说文解字》,北京:中华书局2013年版,第268页。
③ (清)段玉裁:《说文解字注》,北京:中华书局2013年版,第640页。
④ 程俊英译注:《诗经译注》,上海:上海古籍出版社1985年版,第547—548页。
⑤ (汉)许慎撰,(宋)徐铉校订:《说文解字》,北京:中华书局2013年版,第167页。
⑥ (清)段玉裁:《说文解字注》,北京:中华书局2013年版,第391页。
⑦ 同上。

臣，百姓无法尽享天下太平，就如抬头无法见到月之皎洁。"望"时，君臣各安其位，百姓安居乐业，就如沐浴月之盈光。

"邻国相望"是希望诸侯各国对中央地区（王畿）保持敬畏之心，不要企图僭越，各诸侯国君应该安分守己，谨守臣子的本分，对统一天下的君王和政权做到并无二心。而作为统一天下的天子，也应该努力做一位明君，行德政，散发太阳一般的光辉，映照月亮，百姓才能望月而思君之仁德。此为"邻国相望"的第三重含义。

（三）"鸡犬之声相闻"释义

很多学者将该句翻译为：鸡鸣狗吠的声音彼此听得见。笔者认为我们可以有更深层次的理解。首先"鸡犬之声"可作两种解释：第一，我们通常用鸡犬桑麻来形容小村庄的宁静祥和，而用鸡飞狗跳、鸡犬不宁来形容喧闹混乱的状况，因此"鸡犬之声"，可以引申理解为百姓日常的小摩擦和小矛盾，或者家长里短、邻里趣事。第二，可以理解为一整天的消息。汉代许慎《说文解字》言："鸡，知时畜也。"① 也就是鸡是对天亮敏感知道时辰的家禽。而"犬"自古以来被人们看作是天黑以后守家护院的家禽。因此，鸡犬之声，我们也可以将其理解为：一整天的消息。"闻"字在此句中非常重要。《说文解字》言："闻，知闻也。"② 清代段玉裁注曰："往曰听，来曰闻。大学曰：心不在焉，听而不闻。"③ 由此可见，闻不仅是要听，还要放在心上。"相闻"就是要彼此放在心上。因此，对于"鸡犬之声相闻"我们可以这样理解：哪怕是小到家长里短、邻里趣事、争吵摩擦，身处邻国的百姓都能够清楚地知道，更何况国家大事了；一天之中从早到晚发生的事情，都可以毫无阻塞、不经过滤地被邻国的人轻易知晓，邻国百姓之间真实坦诚地互相交往。

（四）"民至老死不相往来"释义

《说文解字》言："老，考也。七十曰老。从人毛匕。言须发变白也。"④ 也就是说人的年龄到了七十岁就算老了，须发都变白了。《说文解字》又言："澌也，人所离也。"⑤ 也就是说人的躯体和灵魂相分离。很多学者将"老""死"合并在一起理解，认为"老死"就是人类正常的死亡，而非因天灾人祸失去性命。

春秋时代战争频发，人们大多死于战争之中，因此，《老子》想要表达的"往来"之意首先应该指的是"往来的战争"。但古代"老""死"是分开而言的，因此，"民至老死"并非指的"往来的战争"，而是说百姓到老到死的意思。

关于"不相往来"，笔者认为，我们可以从心理学的角度来分析。美国著名心理学家亚伯拉罕·马斯洛的需求层次理论将人的需求分为生理、安全、社会、尊重和自我实现五个层

---

① （汉）许慎撰，（宋）徐铉校订：《说文解字》，北京：中华书局2013年版，第71页。
② 同上书，第250页。
③ （清）段玉裁：《说文解字注》，北京：中华书局2013年版，第598页。
④ （汉）许慎撰，（宋）徐铉校订：《说文解字》，北京：中华书局2013年版，第171页。
⑤ 同上书，第80页。

次，这五种需求自下而上逐次递增，当下一层次的需求得到满足，就会产生上一层次的需求。当然，在人的一生中，往往是多种需求同时存在的，只不过在不同时期，各种需求的程度不同。以此观《老子》的"小国寡民""甘其食，美其服"① 就是《老子》对于人类生理需要的洞悉；而"使有什伯之器而不用，使民重死而不远徙"② 就是人们在吃饱穿暖、衣食无忧的情况下出于安全的需要。当人们生理和安全的需要得到满足以后，就会产生求得社会认同的渴望，期待建立一个良好的社会关系，"安其居，乐其俗"③ 恰恰是人们对于自己所处的社会关系的满意程度。在此基础上，如果人们能够实现自我的价值，也就是自我的身心得到全面充分的发展，那就实现了马斯洛所说的"自我实现"④。因此，我们有理由相信，《老子》所说的"不相往来"建立在人类本然的个体心理状态之上，是一种个体生理和心理发展足够成熟的终极目标，因此，"不相往来"还有另一层含义：诸侯各国的百姓在物质生活上能够自给自足，在精神层面能够万事万物皆备于我，不假外求。

三、现代新型社区的构建

通过深入解析《老子》"小国寡民"的社会理想，我们可以清楚地勾勒出现代新型社区的基本特征。

（一）从"止战"的社会理想到"安全社区"的构建

在释义"小国寡民"一词时，我们了解到：《老子》一书饱含着"止战"的社会理想。"止战"是实现"和平"的一种手段，也最符合《老子》成书的时代背景。落实到现代新型社区的构建上，即"安全社区"的构建。"安全社区"的概念是世界卫生组织在1989年瑞典举行的第一届世界事故与伤害预防大会上提出来的，包括社区的交通安全、消防安全、工作场所安全、家居安全、老年人安全、儿童安全、学校安全、公共场所安全、社会治安、防灾减灾与环境安全等安全范围⑤。一个具备"安全"属性的社区应该能充分保障该区域范围内居民的生命和财产不受外在的人和事的侵犯、干扰和伤害。

（二）从"平等"的社会理想到"平等社区"的构建

在老子"邻国相望"的潜在含义中，各国无论所辖区域的大小，拥有人口的多寡，在相互关系上都应互不干涉，平等相处。落实到现代新型社区的构建上，"平等社区"应包含两个方面的基本内容。

第一，无论社区所辖区域大小、经济情况好坏、人口数量多寡、地理位置偏远与否、是

---

① （魏）王弼注，楼宇烈校释：《老子道德经注校释》，北京：中华书局2008年版，第190页。
② 同上。
③ 同上。
④ ［美］亚伯拉罕·马斯洛著，许金声等译：《动机与人格》，北京：中国人民大学出版社2012年版，第29页。
⑤ 《安全社区宣言》，1989年9月20日，瑞典。

城市社区还是农村社区，在法律、经济、政治地位上都一律平等，不同社区的居民在教育、医疗、环境、卫生、信息、基础设施等资源的获取和配置上都应尽可能享受同等权利，承担同等义务。

第二，在不违背国家法律的情况下，每个社区居民在学习、工作、婚配、生育、娱乐等生活的各个方面都拥有自主选择的权利。

（三）从"守望相助"的社会理想到"友好社区"的构建

《老子》希望诸侯各国之间能够和平共处，诸侯各国的子民都亲如同胞，将他国视为我国，他家视为我家，能够做到守望相助。落实到现代新型社区的构建上，就是要建立起睦邻友好、互帮互助的"友好社区"。这种"友好"并非居民的思想行为完全一致，也包容偶尔存在的摩擦和争吵。百姓之间总是会有一些小的摩擦和冲突，但是从整体上来看，人与人之间的交往是开诚布公、坦诚相待的，没有虚伪欺骗，社区居民之间有着良好的人际关系，从而形成了稳定和谐的社会关系。

（四）从"自给自足""自我实现"的社会理想到"适度交往社区"的构建

《老子》一书为我们描绘了一幅百姓在物质生活上自给自足，在精神层面不假外求的美好图景。因为物质财富足够丰富，人们吃穿住行等基本的生活需求能够得到很好的满足，所以对于外界环境的依赖逐渐减弱，可以在与外界保持一定距离的情况下生活下去，社区居民之间的"适度交往"成为可能。久而久之，具有相同兴趣爱好、思想观念、生活方式和理想追求的社区居民会逐渐聚集在一起，形成相对稳定的社会关系、相对趋同的生活方式。这种自然的流动使得社区居民对于整个社区和集体的认同感大大增强，对其他居民的认可度和满意度大大上升，社区居民及团体的意志和行为会得到更为充分的尊重和发展。不同社区之间则可能出现明显的职业分化、价值趋向分化、生活方式差别，不同社区居民之间的交往会变得适度，并保有一定的界限。"适度交往"将直接影响到社区居民之间的流动，这正是"老死不相往来"的理想图景。

四、结语

综上所述，《老子》第八十章"小国寡民"中蕴含了丰富的管理智慧和治国良方，其"止战""平等""守望相助""自给自足"及"自我实现"的社会理想对于现代新型社区的构建具有十分重要的意义，为现代人建设现代新型社区提供了借鉴。我们应该建立一个集安全、平等、友好、适度交往为一体的现代新型社区。只有通过安全社区、平等社区、友好社区和适度交往社区的建设，我们才能更好地提升现代人的生活品质，满足现代人的精神追求，促进人与社会的可持续发展。将中国传统文化的精华融入现代管理之中，将老子思想融入社区治理当中，既是现代管理的发展趋势，也是传承中国传统文化的需要，是现代新型社区构建的目标和方向。

道学研究

道教雷法中的"鸡牲血祭"文献探微

王家强*

内容提要：鸡牲，在中国传统祭祀礼仪中，一直占据着重要的一席之地。道教自张天师立教"不馈神祠"，陆修静立科"神不血食"后，历代有高士对鸡牲祭祀行为进行批评和改革，但这并不意味着"鸡牲作祭"的现象从道教中消失。相反，自雷法大兴之后，"剪鸡滴血，与雷盟誓，具鸡作馔，助神威光"宗教现象的描述更多见于道教经典和历史文献之中。

关键词：鸡有五德　道教雷法　血食之兵　鸡牲作祭

一提到鸡，人们首先想到的是如何将这待宰之禽，做成美味的盘中餐。然而在中华五千年的历史文化长河中，鸡不但是重要的祭祀牺牲，而且有其独特的文化象征含义，被誉为"世俗的太阳鸟"。"司晨之鸡"可以"控制昼夜，为人起居"；"镇宅之鸡"可以"驱除鬼魅，解除灾厄"；"带路之鸡"可使"婚姻美满，子孙满堂"；"度关之鸡"可"招魂附体，为亡开路"①。鸡不但与我国的"盘古开天辟地"创世神话相联系②，而且雷神与鸡俗信仰亦有密切

---

* 王家强，云南大学历史与档案学院2016级博士研究生，主要研究方向为道教法术、道教科仪与越南道教。
① 参见陈勤建：《中国鸟信仰：关于鸟化宇宙观的思考》，北京：学苑出版社2003年版，第91、95、114、125页。
② 参见陈勤建：《越地鸡形盘古神话与太阳鸟信仰》，《民俗研究》1994年第1期。

关系①，同时鸡还被广泛地运用在占卜②、医药③、炼形④等方技中。同样"鸡牲作祭"的鸡俗信仰对汉族和畲族、侗族、苗族、壮族、哈尼族、纳西族等少数民族文化观念、法术实践皆有深刻影响⑤。肇自东汉已降，在以"清醮"代替"血祭"的礼仪改革中，道门高士虽对"鸡牲作祭，血食祀神"的行为进行了猛烈抨击和具体改革，但在道法（尤其是雷法）实践中，仍存在"剪鸡滴血，与雷盟誓，具鸡作馔，助神威光"的现象，如何解释这种宗教现象的存在？这现象背后又蕴含着怎样的道教神学内涵？值得我们进一步分析。

一、周鸡断尾：早期祭祀中的鸡牲

鸡牲作祭，源远流长，《周礼·春官》已明确记载有"鸡人掌鸡牲"之说，"鸡人掌共鸡牲，辨其物……凡祭祀，面禳衅，共其鸡牲"⑥。这一方面说明周代已设立"鸡人之官"，专职饲养"宗庙祭祀、禳去恶祥"仪式中所需鸡牲；另一方面说明对祭祀所用之鸡的毛色也是有讲究的，"鸡人"需"辨其物"，郑玄注云："物谓毛色也，阳祀用骍，阴祀用黝。"⑦ 即阳祀用赤色，阴祀用黑色。"阳祀，祭天于南郊及宗庙，阴祀，祭地北郊及社稷也。郑（玄）举此二者，望其祀各以其方色牲，及四时迎气，皆随其方色，亦辨其毛物可知也。"⑧ 这说明当时对所用鸡牲毛色的挑剔是和"方位气色说"（即东青、南赤、西白、北黑、中黄）相联系的。

"祭祀""禳衅"皆须"以鸡作祭"，说明鸡牲所用范围之广。古者"国之大事，唯祀与戎"，因而在战争中，往往也存在"鸡牲作祭"的现象，《墨子·迎敌祠》记载有"军旅"用鸡牲的情况，"敌以东方来，迎之东坛，坛高八尺，堂密八。年八十者八人主祭，青旗、青神长八尺者八，弩八，八发而止。将服必青，其牲以鸡"⑨。这种以鸡作为东坛之祭牲，很有可能与鸡本身作为"东方之牲"有关，东汉应劭《风俗通》引《青鸟子书》言："鸡者，

---

① 参见陈勤建：《中国鸟信仰：关于鸟化宇宙观的思考》，北京：学苑出版社 2003 年版，第 138 页。
② 《汉书·郊祀志》记载："（汉武帝）既灭两粤，粤人勇之乃言：'粤人俗鬼，而其祠皆见鬼，数有效。昔东瓯王敬鬼，寿百六十岁。后世怠嫚，故衰耗。'乃命粤巫立粤祝祠，安台无坛，亦祠天神帝百鬼，而以鸡卜。上信之，粤祠鸡卜自此始用。"见班固：《汉书》第 4 册，北京：中华书局 1962 年版，第 1241 页。
③ 《葛仙翁肘后备急方》卷一载："救卒死……割雄鸡颈取血，以涂其面，干复涂，并以灰营死人一周。割丹雄鸡冠血，管吹内鼻中。又方，以鸡冠及血涂面上，灰围四边，立起。"又卷六记载："百虫入耳不出，以鸡冠血滴入耳内，即出。"见《道藏》第 33 册，北京：文物出版社；上海：上海书店；天津：天津古籍出版社 1988 版，第 6、83 页。
④ 《太上洞玄灵宝五符序》卷中"住年方"记载："以八月直成日取莲实，九月直成日取鸡头实，阴干百日，捣分等。直成日以井华水服方寸匕，满百日，壮者不复老，老者复壮。若为不然，以药别食鸡雏百日，即知验矣，久服之神仙。"见《道藏》第 6 册，第 329 页。
⑤ 参见陈勤建：《中国鸟信仰：关于鸟化宇宙观的思考》，北京：学苑出版社 2003 年版，第 125－130 页。
⑥ （汉）郑玄注，（唐）贾公彦疏，李学勤主编：《周礼注疏》，北京：北京大学出版社 1999 年版，第 515 页。
⑦ 同上。
⑧ 同上。
⑨ 吴毓江撰，孙启治点校：《墨子校注》下册，北京：中华书局 2006 年版，第 875－876 页。

东方之牲也,岁终更始,辨秩东作。万物触户而出,故以鸡祀祭也。"①

另外祭祀所用鸡牲,对雌雄亦有要求,《风俗通义》引《山海经》云:"祠鬼神皆以雄鸡,"②且周代祭祀用牲,主要为"牡牲",如孙希旦《礼记集解》言:"大祭祀,牺牲皆用牡。"③

可见,周代对所用鸡牲有颇多讲究,必须"中度",即:"须存乎全而肥实者"方可作祭祀之牺牲。但在周景王时期却发生了"周鸡断尾"事件,《左传·昭公二十二年》记载:

> 王子朝、宾起有宠于景王,王与宾孟说之,欲立之。刘献公之庶子伯蚠事单穆公,恶宾孟之为人也,愿杀之。又恶王子朝之言,以为乱,愿去之。宾孟适郊,见雄鸡自断其尾。问之,侍者曰:"自惮其牺也。"遂归告王,且曰:"鸡其惮为人用乎?人异于是。牺者,实用人,人牺实难,已牺何害?"王弗应。④

"周鸡自断其尾,使已不全,冀免为牺牲之用"⑤,反映出当时鸡牲作祭之广泛和频繁,连鸡自身都害怕,故须断尾以保全自己。当然,"周鸡断尾"更深层次的含义是"以鸡喻人",鸡被作为牺牲,害怕被人利用,而人最害怕是被自己利用,即是宾孟劝诫周景王不要听信伯蚠的言辞。

在北齐刘昼所撰《刘子》一书中,虽也是借断尾周鸡以喻人,但比喻的含义有所变化,凡有德之人,皆如"断尾周鸡",自有"处身全己"之法:

> 周鸡断尾,获免于牲……是以古之德者,韬迹隐智以密其外,澄心封情以定其内。内定则神腑不乱,外密则形骸不扰。以此处身,不亦全乎。⑥

周鸡知毛色合度,必为祭祀牺牲,故而自断其尾,"于是尾断,不中祭祀,神明不敌"⑦,才得免一死。"周鸡断尾"虽是"以鸡喻人",应当韬光养晦,但也反映出当时社会鸡牲作祭的普遍现象。

周鸡虽有断尾保身之法,却最终还是逃脱不了作为祭祀牺牲之命运。比起周代,两汉鸡牲之用,有过之而无不及,并且在祈雨、祀灶中皆有用到。《春秋繁露》卷十七《求雨》记载:

---

① (汉)应劭撰,王利器校注:《风俗通义校注》下册,北京:中华书局1981年版,第374页。
② 同上。
③ (清)孙希旦撰,沈啸寰、王星贤点校:《礼记集解》,北京:中华书局1989年版,第418页。
④ 杨伯峻编著:《春秋左传注》,北京:中华书局1990年版,第1434页。
⑤ 《道藏》第11册,第816页。
⑥ (北齐)刘昼撰,傅亚庶校释:《刘子校释》,北京:中华书局1998年版,第29页。
⑦ (明)袁孝政注:《刘子》,《道藏》第21册,第729页。

春旱求雨……服苍衣，拜跪陈祝如初，取三岁雄鸡与三岁豭猪，皆燔之于四通神宇，令民阖邑里南门，置水其外，开邑里北门。

夏求雨……祭之以赤雄鸡七、玄酒，具清酒、膊脯，祝斋三日，服赤衣，拜跪陈祝如春辞。……取三岁雄鸡豭猪，燔之四通神宇，开阴闭阳如春也。①

《白虎通·五祀》记载，祀灶也需要以鸡牲，"灶以鸡"②。

王莽篡汉之后"兴神仙事"，广建祠庙，以"崇鬼神淫祀"，并以"鸡当鹜雁"作为祭牲，《汉书·郊祀志》记载：

莽篡位二年，兴神仙事……先煮鹤髓、毒冒、犀玉二十余物渍种，计粟斛成一金，言此黄帝谷仙之术也。……莽遂崇鬼神淫祀，至其末年，自天地六宗以下至诸小鬼神，凡千七百所，用三牲鸟兽三千余种。后不能备，乃以鸡当鹜雁，犬当麋鹿。数下诏自以当仙。③

二、神不血食：道教对鸡牲作祭的批评与改革

"周鸡断尾""鸡当鹜雁"，说明周秦两汉时代"祭典用牲之大，次数之频繁"④。而这也就引起了儒道两家的批评，道教更是打出"反对淫祠血食"的口号，致力于祭祀礼仪的改革。

在儒家，王充对"血食厚祀"的现象进行了批评，王充一方面认为鬼神根本就不存在；另一方面认为假使有鬼神存在，鬼神比神仙还清洁，不会享用人吃的食物，鬼神也没有喜怒，祭与不祭都不会对人的祸福产生影响。

经传所载，贤者所纪，尚无鬼神，况不著篇籍！世间淫祀非鬼之祭，信其有神为祸福矣。……鬼神清洁于仙人，如何与人同食乎？……假使有之，与人异食。异食则不肯食人之食；不肯食人之食则无求于人；无求于人则不能为人祸福矣。……鬼神无喜怒，则虽常祭而不绝，久废而不修，其何祸福于人哉？⑤

王充认为祭祀主要有两种目的：一是报功，二是修先。"凡祭祀之义有二：一曰报功，

---

① （清）苏舆撰，钟哲点校：《春秋繁露义证》，北京：中华书局1992年版，第429—431页。
② （清）陈立撰，吴则虞点校：《白虎通疏证》下册，北京：中华书局1994年版，第81页。
③ （汉）班固：《汉书》第4册，北京：中华书局1962年版，第1270页。
④ 傅亚庶：《中国上古祭祀文化》，长春：东北师范大学出版社1999年版，第391页。
⑤ 黄晖：《论衡校释》第4册，北京：中华书局1990年版，第1067—1968页。

二曰修先，报功以勉力，修先以崇恩。"① 之所以要祭祀前人，是因为前人的功业给百姓带去了实惠，百姓依靠了他们的力量；而祭祀祖先，则是为了彰显赡养他们的道义。祭祀本身与获得福报、解除凶灾毫无关系，要解祸除祟，其根本上是在"己之德"，而不是对鬼神的祭祀。

> 不修其行而丰其祝，不敬其上而畏其鬼。身死祸至，归之于祟，谓祟未得；得祟修祀，祸繁不止，归之于祭，谓祭未敬。夫论解除，解除无益；论祭祀，祭祀无补；论巫祝，巫祝无力。竟在人不在鬼，在德不在祀。②

道教的前身黄老道，亦反对淫祠血食，认为"祠祀过多会有害于清静之道，不但不能消弭灾祸，反使天气变乱，妖异四起"③。这一观点被后来的太平道和天师道所继承。

天师道祖师张道陵被认为是"摄邪归正，分别人鬼，反对六天血食"④ 的先驱，他提出"天之正法，不在祭餟祷祠也"，《老子想尔注》记载：

> 行道者生，失道者死。天之正法，不在祭餟祷祠也。故道禁祭餟祷祠，与之重罚。祭餟与邪道同，故有余食器物，道人终不欲食用之也。⑤
>
> 有道者不处祭餟祷祠之间也。⑥

又《历世真仙体道通鉴》卷十八"张天师"条载：

> 近有六天鬼神血食之辈，侵夺以居，昼夜不分，人鬼无别，枉暴生民，妄罹灾害，深可痛惜。子何为吾摄邪归正，分别人鬼，各守昼夜，复典此治，以福生民，则子功无量矣。⑦

《通鉴》虽为后世所编，但其反映了后世道士对天师反对"六天血食（早期儒家祠祀制度）"⑧ 态度的认可；也反映了道教反对"鸡牲作祭，血食祀神"的一贯态度。

---

① 黄晖：《论衡校释》第 4 册，北京：中华书局 1990 年版，第 1065 页。
② 同上书，第 1046 页。
③ 参见卿希泰主编：《中国道教史》第一卷，成都：四川人民出版社 1996 年版，第 161 页。
④ 《道藏》第 5 册，第 202 页。
⑤ 饶宗颐：《老子想尔注校证》，上海：上海古籍出版社 1991 年版，第 31 页。
⑥ 同上。
⑦ 赵道一：《历世真仙体道通鉴》，《道藏》第 5 册，第 202 页。
⑧ 王宗昱认为："六天本为一个标识儒家祠祀制度的词汇，在道教批判官方政治的过程中逐渐加入了新的定义。"参见王宗昱：《道教"六天"说》，陈鼓应主编：《道家文化研究》第 16 辑，上海：上海古籍出版社 1999 年版，第 35 页。

刘宋陆修静改革道教，提出"清约治民，神不饮食，师不受钱"①，主张"六畜之肉，道之至忌"②，对那些"烹杀鸡独鹅鸭，饮酒洪醉"③的道士进行了抨击，更是指出宰杀三牲、飨祠庙社的行为，不但未使人民获得福报，反而使其遭受更大的经济损失和人员伤亡，如《陆先生道门科略》言：

> 夫大道虚寂，绝乎状貌；至圣体行，寄之言教。太上老君以下古委怒，淳浇朴散，三五失统，人鬼错乱，六天故气称官上号，构合百精及五伤之鬼、败军死将、乱军死兵，男称将军，女称夫人，导从鬼兵，军行师止，游放天地，擅行威福，责人庙舍，求人飨祠，扰乱人民，宰杀三牲，费用万计，倾财竭产，不蒙其祐，反受其患，枉死横夭，不可称数。④

可见，张天师立教"不馁神祠"，陆修静立科"神不饮食"，"皆有自己明确的背景，即反对上古的血食牺牲和餐饮制度，与佛教的禁酒肉有着截然不同的理由"⑤。对此，陆修静提出"诛符伐庙，杀鬼生人"的主张，后世杜光庭等人，也积极推行"清醮"代"血祭"的改革。

虽然高真羽士对"血食祀典"一直批评不断，并认为它们是"邪鬼"，但是道经中也有主张"以礼相送"的做法。相对于"破庙杀鬼"政策的凌厉，"以礼相送"态度的转变，则为道教对待"血食之鬼神"的政策增添了一抹柔和之光，如《无上玄元三天玉堂大法》卷二十记载：

> 凡血食祀典，非自修真而来者，皆曰邪鬼也。自今后，或于未受度前已曾事神祇，自今可以礼送之，以礼者，备香花、酒果、经卷送之。⑥

另外，自古以来华夏民族就有"歃血断发"而盟誓的传统，"古者盟誓，皆歃血断发，立坛告天，以为不宣示信人之约也"⑦。道教也有"饮鸡血盟誓"而受"长生之道"或"经典法术"的现象：

> 传授之法，取旺相吉日，先斋戒沐浴，立坛，设太上一座于水上，于无人之地，烧香上白，欲以长生之道，用传某甲，及丹经盟信之物，着案上，置座在此，今欲受道。

---

① 陆修静：《陆先生道门科略》，《道藏》第 24 册，第 779 页。
② 同上书，第 781 页。
③ 同上。
④ 同上书，第 779 页。
⑤ 施舟人：《道教的清约》，《法国汉学》第七辑，北京：中华书局 2002 年版，第 160 页。
⑥ 《道藏》第 4 册，第 71 页。
⑦ 《道藏》第 25 册，第 117 页。

向北伏一时之中，若天晴无风，可受之，共饮白鸡血为盟，乃投信物于水中。①

但由于高真羽士一直以来对"血食祭祀"的猛烈抨击，使得"鸡牲盟誓"传统被其他方式所替代，如《洞玄灵宝受度仪》引《玉诀》言："青以代发，丹以代歃血之盟誓，真人不伤神损德"②；另外也有以"金素代准"的做法，如《太真玉帝四极明科经》卷四记载，古代以白鸡歃血为盟而受《三皇内文大字》，今则以金素代之：

> 天皇、地皇、人皇，《三皇内文大字》，或曰洞神，一名洞仙，一名太上玉策。皇上元人所修，太上道君所秘大有之宫，七千年而出。今五岳悉封一通。若有金名玉字于方诸宫，四十年听传。法盟白绢四十尺，金三两，古用白鸡歃血为盟，今以金素代准。世无其师，当投物山栖，按而奉焉。③

这样，"鸡牲作祭，血食祀神"的行为在道教中似乎一度沉寂，而"清约之教"则成为道教发展中的一股清流。

三、鸡牲再兴：雷部有血食之兵

虽然，"鸡牲作祭，血食祀神"行为遭到了道门高士猛烈地批评，但是这并不意味着"鸡牲血食"现象就从道教中消失了。相反，自雷法大兴之后，通过鸡牲血食祭祀，以遣召神吏夫丁的现象不断涌现。《灵宝玉鉴》卷一言："道法之分门别振，不知几也。……诸品道法行持之时，皆以存神召将为首。"④ 而神将居多，当属雷部，且多为"精忠之魂，血食之神"。如雷部欻火大神邓伯温，本是黄帝战蚩尤时的将军，后弃位入武当修行而得道，被封律令大神，隶属雷部，以羊血、鸡血、鹅血祭之，可祷晴祈雨，灭怪除疫。

> 雷部有欻火大神，姓邓名伯温。昔从黄帝战败蚩尤，封河南将军。大神见黄帝登天，遂弃位入武当山，修行百载，能随炁升降。……蒙上帝封为律令大神，隶属神雷。其雷于五月五日午时升入南宫火铃之宅，本日可以图形于静室中，用羊血、鸡血、鹅血五分，羊头五个，时果净酒，供养大神一昼夜。其神降，可使立兴云雨，顷刻作晴，止风灭怪，断瘟除疫。⑤

---

① 《道藏》第19册，第396页。
② 《道藏》第9册，第840页。
③ 《道藏》第3册，第433页。
④ 《道藏》第10册，第142页。
⑤ 《道藏》第29册，第139页。

又如南方火雷使者和北方水雷使者亦须鸡牲作祭:

  南方火雷灭鬼使者毕机,字符灵。绯袍,黄巾金甲,托火轮,乘火龙,身长百丈,祭用火枣、鸡血。北方水雷披发使者雷压,字成拱……祭用羊血,焚好降真香,喜食鸡头三五个,菱角并素弃。①

"五雷"中的"社令雷"其部属神员也皆血食之神,臞仙朱权言:"社令雷,则名山大川精忠血食之神,上奉帝命,下亲民事,可以指役也。"② 道经更有"九州社令,血食之神""社令城隍,血食千载"之说。另外传文递书的使者,往往也需要"鸡牲"作祭,如"丁未飞捷李使者,用酒米食果、纸、鸡、旗、花、鹿脯、草鞋祭之"③。

刘仲宇先生言:"中国的民众,对神灵向来有着功利的态度,既有敬畏神的一面,又有期望控制神明,使之为自己服务的一面……与上述情形相联系,道教的宗教仪式,有两类内容,一类以祭祀神明为主,一类以役使神灵为主,前者表示对神的皈依,后者突出对神的支配,便是法术。"④

而要在行法过程中,支配役使这些曾经的英雄好汉,今朝的"搬运冥夫",要他们"临坛奉命,多负勤劳,飞传疾奏",也就免不了"具鸡作馔,以助威光"。

  点名已毕,序列两行,具有雄鸡,助尔威光。此鸡翅羽朱冠粲锦毛,声声啼处类鸣皋,曾闻歃血立盟信,从事开樽奉酒醪,泉壤与伊添毛采,幽途为尔增英豪,坛司一一来清赏,烈烈威风百倍高。(祭毕)

  照得尔等,生前勇猛,殁后刚强,曾为英雄好汉,力举百钧,今作搬运冥夫,钱推千贯,集奉命以临坛,且登筵而饮酒,勿谓杀馔不丰,即云弗意,纵然乡村少礼,亦应开怀,多负勤劳,自蒙超擢。⑤

除了雷部有血食之兵,须鸡牲血食祭祀以外,以下几种情形的"血食鬼神",其实也是被道教所接纳和认可的:

第一,"房庙血食之鬼"。对于庙房血食,道经中存有两种态度:一是认为对于为人祸害的巫坛,应该"破庙断迹",如《登真隐诀》等记载:

---

① 《道藏》第29册,第413—414页。
② 《道藏》第36册,第374页。
③ 《道藏》第26册,第951页。
④ 刘仲宇:《道教法术》,上海:上海文化出版社2002年版,第16页。
⑤ 《广成仪制》,成都二仙庵版,第3043—3044页。

谓人先事妖俗，今禀王化，应毁破庙座，灭除祷请，事后，或逆为人患，致凶咎疾病，或所居里域有诸血食巫坛，为人祸害者。①

若山林庙座血食之神，能作祸福者，以印封泥四方块，其踪迹不能复神矣。②

二是认为"房庙血食，是受命居职者，非谓精邪假附也"③。可采用收编的政策，而为了收编这些庙房血食之鬼，往往会给他们设一位监察长官，以防止这些血食之神作威作福，而监察长官则是以"斋食为飨"。如《真诰·阐幽微》言："西明郎十六人，主天下房庙鬼之血食。"④ 另据《异录记》"九天使者"条记载："司马承祯奏曰：今名山岳渎，血食之神，以主祭祠，太上虑其妄作威福，以害蒸黎，分命上真监莅川岳，有五岳真君焉。……盖各置庙，以斋食为飨。"⑤

第二，由人成"神"，而未成"仙"，且有功于地方社会者，永享血食。白玉蟾著《诸仙传》记载：

胡、詹二王者，旌阳县之二吏录也。世不知其名，真君弃官还山且久，二吏思慕盛德，舍家而来，愿服役终身。真君悯其意，而知其分不应仙，俾没后为神，立祠于福地束南高峰，作镇水口，永享血食焉。⑥

第三，征战而亡者。"不闻征战而亡者，既死而无形矣，尚求血食，以妥其灵。"⑦ 那些受到朝廷敕封的战亡将吏，如关羽、岳飞等精忠之魂，大部分为道教所吸纳，他们往往成为雷部的护法神灵，且可享受血食祭祀。

第四，度亡法事中，亡魂亦须血食。

功执鸡一只，化救苦讳于冠上，朗念：掩殓功德已周完，雄鸡插血盖棺前。满门孝眷无惊恐，亡魂得领血食餐。⑧

由于"鸡牲作祭"的现象现多存在于民间法师的道法实践中，因而也往往被诟病为"民间巫术"。然而事实上却是：道法（尤其是雷法）大兴之后，"鸡牲作祭，血食祀神"现象大量出现在道法的实践运用中，这其实是道教与民间信仰在历史发展中互动交流的结果，道教

---

① （梁）陶弘景撰，王家葵辑校：《登真隐诀辑校》，北京：中华书局2011年版，第92页。
② 《道藏》第18册，第584页。
③ （梁）陶弘景撰，赵益点校：《真诰》，北京：中华书局2011年版，第270页。
④ 同上。
⑤ （唐）杜光庭撰，罗争鸣辑校：《杜光庭记传十种辑校》第1册，北京：中华书局2013年版，第17-18页。
⑥ 《道藏》第4册，第770页。
⑦ 同上书，第535页。
⑧ 《广成仪制》，成都二仙庵版，第3227页。

在历史发展中，不断对先前朝廷敕封之神、民间祠祀之神和精忠血食之魂进行吸纳和改编①。但这些血食之神在道教法术中，大多是被"役使"或"控制"的对象，若是不能保境安民，或妄作祸福，则会面临处罚，如《道法会元》卷五十五记载："诸正神，受敕命血食一方，不能守护境土，妄兴祸害于民者，针决，流三千里。"②

四、鸡有五德：鸡牲作祭的道教神学依据

自古以来，中国民间就崇拜雷神，而自北宋末年，神霄雷法和清微雷法等道教雷法不断兴起，其影响力不断扩散，加之林灵素、王文卿、张继先、白玉蟾等人的改革，并将其与内丹等修炼结合，充实了雷法理论，丰富了雷法修炼方式，使得雷法大兴于世。而宋徽宗对神霄雷法的推崇，更是让产生于民间土壤的雷法，得以被官方所接受，而明代《道藏》中所收录之《法海遗珠》和《道法会元》，更是确立了雷法在官方道教中的地位，在官方承认雷法的同时，雷法中"鸡牲作祭"的行为也被保留在道教法术（尤其雷法）的实践中。然而道教作为制度性宗教，其宗教行为和现象背后必定有道教神学理论作指导，毕竟"道教作为人为的宗教，有完整的教理教义，法术的施行，也有一定的理论作为指导"③，且道教法术中的"真常之义"是道术区别于巫术的一个重要侧面④。如白玉蟾《道法九要序》言：

> 法也者，可以盗天地之机，穷鬼神之理。可以助国安民，济生度死。本出乎道。道不可离法，法不可离道。道法相符，可以济世。近世学法之士，不究道源，只参符咒，兹不得已。⑤

这说明道教法术的施行，皆以"以'道'为核心的道教神学"为依据。当然，"道"是无所不在的，故而每种法术都有"道"的指导。"鸡牲作祭"背后的道教神学依据则主要有三种说法，而最主要的还是"鸡有五德"说。

一种说法，雄鸡是"世俗太阳鸟""凤凰的化身"，《春秋说题词》言"鸡为积阳，南方之象，火阳精物炎上"，故鸡属"表阳之类"，是太阳的象征，"日者，阳精之宗，积精成象，象成为禽，金鸡、火鸟也"⑥。故而雄鸡本身便能驱邪除魅。如"帝令宝珠五雷祈祷大法"

---

① 关于道教对民间神灵的大量吸纳，参见李远国、刘仲宇、许尚枢：《道教与民间信仰》，上海：上海人民出版社2011年版，第210—229页。
② 《道藏》第29册，第131—132页。
③ 刘仲宇：《道教法术》，上海：上海文化出版社2002年版，第79页。
④ 关于道教与民间巫术的差别，可参见李远国、刘仲宇、许尚枢：《道教与民间信仰》，上海：上海人民出版社2011年版，第244—245页。
⑤ 《道藏》第28册，第677页。
⑥ （宋）张君房编，李永晟点校：《云笈七籤》第3册，北京：中华书局2003年版，第1221页。

中就有勅鸡以净天地、荡秽的做法,"雄鸡儿,雄鸡儿,吾今借汝祭雷神。化作凤凰向天飞,受祭之后,大奋神威。右噀水于鸡身,荡秽毕"①。

另一种说法,《春秋运斗枢》言:"玉衡星散化为鸡。"② 玉衡星为"北斗第五星丹元星之魄灵"③,北斗信仰本是道教的一大特色,而道教诸多法术也与北斗有关。

鸡无论是作为"东方之牲",还是"南方之象",抑或是"玉衡星所化",其被运用到道教法术,尤其是雷法的将帅坛中"滴血祭享,作馔犒赏",最核心的神学依据应是"鸡有五德"说:

> 夫此鸡者,形如彩凤,号曰德禽。冠尖生血,用之最灵。能通天地,可格鬼神,滴血祭享,降魔佑民。④

> 夫此鸡者,太阳宫中,号曰金乌,今古称之,次名五德,闻噪一声,则皆天明,叫农桑于日月,啼楚木之春秋,可谓司时之畜也,以今奉献于神明,诚心恳祷于上殿,伏乞怜悯,剪冠祭献。⑤

> 夫此鸡者,朱耀日凤,爪擎云素。金五德之姿,岂比众禽之类。⑥

"鸡有五德"的说法并非来源于道教本身,而是自"周鸡断尾"事件以来,以鸡喻有德之人开始,鸡就被赋予了"德禽"的美誉。汉代韩婴撰《韩诗外传》中结合鸡的特性,明确赋予鸡有"文、武、勇、仁、信"五德,自此"鸡有五德"的说法,日渐为人们所接受,《韩诗外传》卷二记载:

> 君独不见夫鸡乎?首戴冠者,文也;足傅距者,武也;敌在前敢斗,勇也;得食相告,仁也;守夜不失时,信也。鸡有此五德,君犹日瀹而食之者,何也?……无此五德者,君犹贵之者,何也?⑦

而"五德之鸡"当实际运用到道教祭雷之时,又与五性(乾元利亨贞)、五行(金木水火土)、五音(宫商角徵羽)相联系,从而使"五德"的内涵更加丰富:

> 夫此鸡者,形如彩凤,声若洪钟,鸣则天地自应,呼则鬼神寒惊,霞应一天之星斗,辉腾万里之祥云,太阳宫内,号曰金乌,将帅坛中,名为五德,受乾元利亨而为

---

① 《道藏》第 29 册,第 513 页。
② [日]安居香山、中村璋八辑:《纬书集成·中》,石家庄:河北人民出版社 1994 年版,第 719 页。
③ 《道藏》第 34 册,第 776 页。
④ 《广成仪制》,成都二仙庵版,第 3347 页。
⑤ 同上书,第 2788—2789 页。
⑥ 同上书,第 51 页。
⑦ (汉)韩婴撰,许维遹校释:《韩诗外传集释》,北京:中华书局 1980 年版,第 61 页。

性,禀金木水火土以成形。吾今执在手中,特祭灵符,召请雷霆三司,助吾道法。①

鸡四郎、鸡四郎,五德在宫商,将来替人命,万古永长存。好去好去,善行善行。五雷三千将,神霄百万兵,灵光绕世界,百邪尽潜形。魍魉邪魅众,恶部众猖神,随吾正气散,不得久留停。②

自"鸡牲祭雷"兴起之后,"剪鸡滴血,与雷盟誓"的现象也同时出现在道教经典和道法实践中。如《广成仪制》中记载有使用鸡冠血与天、地、五雷兵将盟誓的现象:

借汝丹头一点血,坛前犒祭五雷兵。……咬冠滴血酒敕牌符剑旗已毕,白云:雷君雷君,滴血为盟。一滴誓天,上合天心。天若负誓,日月不明。二滴誓地,下合地灵。地若负誓,草木不生。三滴誓将,将合我心,我合将心。将若负誓,香火不行。我若负誓,道法不灵。有此誓愿,汝即通灵。莫违本誓,星火奉行。③

五、滴血咒符:民间道法实践中的鸡牲

宗教是历史的、文本的,但更是现实的、实践的,很多道教法术被记录在历史文献中,但也依然活跃于当下实际生活中。如伊利亚德所言:"我们必须特别强调'活在当下'的宗教价值。现存的以及活在时间里的简单事实构成了一种宗教的向度。这种向度并不总是明显的,因为在某种意义上说,神圣性总是隐藏在即时的、自然的、日常的生活之中。"④通过对现存民间道教法术实践中的鸡牲使用,将更有助于我们理解"滴血咒符"这一宗教现象的内涵。

民间也实有"剪鸡滴血,与神盟誓,和酒咒符"的宗教现象存在。

法师将书好的符摆放整齐,掐鸡冠,滴血入酒杯,和酒而吞,次掐诀、念咒:

金子山上五雷公,霹雳闪电在虚空。身长一丈八,青脸戴红发。手执火葫芦,端打恶罗刹。管他正神不正神,金花五童一齐行。皮子打成毡,干骨打成面。反眼看吾身,吾身化作共五雷。天上星斗现,地下起火烟。逢到大树连根倒,逢到小树拖连根。连根倒来拖连根,吾奉太上李老君、吾奉太上玄都令、雷神普化大天尊律令!⑤

虽然民间咒语少了一些文学色彩,但从"太上李老君、太上玄都令"和"雷神普化大天

---

① 《广成仪制》,成都二仙庵版,第3345—3346页。
② 同上书,第1883页。
③ 同上书,第51—52页。
④ 伊利亚德著,吴晓群译:《宗教思想史》第一卷,上海:上海社会科学院出版社2011年版,第223页。
⑤ 王守清抄:《退勅》。

尊"字样中,我们可以看出其和道教的关系。

需要指出的是,"剪鸡滴血,与雷盟誓,和酒咒符"这种现象,并非是一种孤立的民间道法实践,在《道法会元》卷五十七中就有相关记载,法师在行"祭五雷法,造令牌"时,法师须要"剪鸡滴血,和酒",再与雷神盟誓,而且要在"六龙会日(即戊子、戊寅、戊辰、戊午、戊申、戊戌)"以鸡作祭,召请五方蛮雷:

> 凡行五雷大法,申发表章,祈晴请雨,止风祷雪,驱役神鬼,扫除妖气,行符治病,差使符吏,若不申明号令,则将帅不行,吏兵不肃。五雷大法中……取戊子、戊寅、戊辰、戊午、戊申、戊戌,乃六龙会日,于高原或军人行处祭之。用大雄鸡一只,先择净地,用竹五竿云五方插之……用剑刺鸡冠血滴五方盏内,和酒。法师与雷神为誓,请五方蛮雷,上香,酌酒讫,将祭物埋于祭所太岁方下。①

根据《道法会元》卷一百二十四的记载,有取鸡冠血和酒以祭五雷的现象,甚至须将鸡煮熟,劈为五盘,法师亲自传之,并变神为五雷使,以祭请五方雷令使者。

> 火师曰:凡祭五雷,须选六戊日,龙会之日,于高原郊野,军人行处,祭之用大雄鹅一只。先扫净处,用竹竿于五方钉定。如无竹,用木椿五条亦得。用皂钱五百,安五方竿上。用碗五只,盘子五个,布于各方。用乌蛇一条,如无真蛇,用皂纸为蛇代之,以手裂为五段,安五方竹上。取生鸡冠血酹于酒盏中,以酒斟于盏和。便将此鸡煮熟,劈为五盘。法师亲自传之。焚香讫,背巽向干步破地罡,左握雷局。步讫,于地户上立,变神为五雷使,高声召五雷下,捷疾报应张元伯,为吾召五方雷令使者刘、李、周、宋、朱五大将军,火急降临。②

另外在"太一天章阳雷霹雳大法"中也记载有"以鸡血拌符,口含血酒"而兴黑云的现象:

> 符书成……师进步,口念火血咒,取鸡去项毛,用刀割之,以血拌前纸符,捻在手,离剑一尺二点火,口衔纸捻烧令牌八字符上,从龙上出。口含血酒,对天一叹,黑云四起。③

---

① 《道藏》第29册,第155页。
② 同上书,第602页。
③ 《道藏》第29册,第688页。

另外，民间法师在念咒的同时，也须"变神"，存己身化作"五雷"，再滴鸡冠血于符上，并取雄鸡翅膀羽毛帖于滴血处，以表示"飞符急奏"之义。

"护身符"，红纸黑书，道经中有"红纸黑书扫祟"之说，符头为"鈗"加上"雨"部，法师言："护身符符头为真武讳"，这一点尚须考证；符胆则为"北斗七星"，法师书一"斗"字，再画以七"丿"代表"七星"，另外在"斗"字上有五个"o"，表示五雷。法师在勅符时，须存思北斗七星，并默念七星内讳，且以"北斗七星咒"加持。"斗"字下书写"金光速现"四字，法师在加持四字时，须默念"金光神咒"，并虚书"金光讳"于符上；最后以"普安令"为符尾。

"护身符"以北斗七星作符胆的情况，与"八卦洞神天医五雷大法"中的"斗煞符"和"地祇温元帅大法"中的"斗罡煞符"相似，可见民间道符并非无根之木、无源之水，我们或许可以猜测"护身符"其实是"斗煞符"的"民间化"。"护身符"与"斗煞符""斗罡煞符"符胆相似，说明无论是民间道法还是经典中的道法都有对北斗的信仰，其目的都是借北斗之金光"扫除不祥，禳除神煞，保命护身"[①]；而符头、符尾相异，说明道符在书写传播过程中受师脉传承、地方文化等因素影响而发生了相应的变化。

六、结语

（一）道门高士虽然强调"神不血食"，并不断进行以"清醮"代替"血祭"的改革，但是"鸡牲作祭，血食祀神"的现象也一直存在于道法实践中。其根源在于道教对民间祠祀之神和精忠血食之神不断地吸纳和收编，尤其是雷法兴起后，大量的雷部之兵：如五方蛮雷、直符使者、神吏夫丁等多来自民间祠祀之神，故而需要鸡牲血食，以为犒赏；同时法师也需要"滴血咒符，与雷盟誓"，才能"正受法令，驱使鬼神"。

（二）道教主张"万物莫不尊道贵德"说，因而道法的施行，背后有以"道"或"德"为核心的道教神学为指导[②]。而"鸡有五德"说正好为"鸡牲作祭"现象提供了道教神学理论支撑，从而使其区别于民间巫术。虽然"鸡有五德"说，并非是道教首创，但却被广泛接受并用来指导道法实践，这说明道教在不断地、主动地寻找和利用其他学说，来充实自己的神学理论，以使道教法术区别于民间巫术，这也可以看出道教作为制度性宗教的成熟特性。

---

① 参见（宋）张君房编，李永晟点校：《云笈七籤》第 1 册，北京：中华书局 2003 年版，第 460—461 页。
② 关于道教神学的核心"道德神学"，参见陈耀庭：《道教神学概论》，香港：青松出版社 2011 年版，第 28—44 页。

《正统道藏》和《藏外道书》中所见《太上玄灵北斗本命延生真经》文本初探

丁酩茗　于国庆*

内容提要：《太上玄灵北斗本命延生真经》①（简称《北斗经》）作为道教中一本重要的经典，其文本流传情况值得进一步探讨。《北斗经》在历史上的两个主要版本分别存于《正统道藏》和《藏外道书》中，学界关注点也局限于以上两个本子。但从《北斗经》注本以及其他经典对《北斗经》的称引来看，《北斗经》在流传过程中还出现过多种文本，这在傅洞真与徐道龄注本中可见其端倪。挖掘《北斗经》历史上的不同文本，对重新审视当代道经研究，深入发掘道经的现代价值具有重要意义。

关键词：《太上玄灵北斗本命延生真经》　文本对比　流布情况

《太上玄灵北斗本命延生真经》（简称《北斗经》）是道教经典中非常重要的一部经书，其问世与流布，与道教内部乃至中国先民源远流长的北斗信仰有着莫大关系。《北斗经》不但体现出道门中人对北斗星及其神格化的重视，而且其思想又对道教的发展产生了深远影响：一方面，自《北斗经》问世以来，道教徒屡屡注引和诠释《北斗经》，以为推用；另一方面，《北斗经》与拜尊北斗的科仪相得益彰，《北斗经》的文句和思想被广泛运用于这类科仪之中，在道教内部有着广泛的影响力。本文围绕《北斗经》的文本略作探察，并以此就教于方家。

---

* 丁酩茗，四川大学道教与宗教文化研究所硕士研究生，主要研究方向为道教历史与文化、道教科仪与文献。于国庆，四川大学道教与宗教文化研究所副研究员，四川大学老子研究院副院长，硕士生导师，主要研究方向为道教历史与文化。
① 《太上玄灵北斗本命延生真经》，《道藏》第11册，北京：文物出版社；上海：上海书店；天津：天津古籍出版社1988版，第346—348页。

一、两种常见的《北斗经》文本

就现存资料来看,《正统道藏·洞神部·本文类》中存有《太上玄灵北斗本命延生真经》一部,《正统道藏·洞神部·玉诀类》中还存有三部《北斗经》的注本,分别为"玄阳子徐道龄集注,乾阳子徐道玄校正"的《太上玄灵北斗本命延生真经注》[①]、"崆峒山玄元真人注解并颂"的《太上玄灵北斗本命延生真经注解》[②]和"傅洞真注"的《太上玄灵北斗本命延生真经注》[③]。

通过对比经文可以发现,除个别用字不同以外,上述三家注本中所引用的《北斗经》原文和《正统道藏》所存《北斗经》的文本在内容上均大致一致。因而可以推知,三家注本所使用的《北斗经》和《正统道藏》中所收录的《北斗经》盖同出一底本〔以下简称《北斗经》(《道藏》本)〕,三家注本的问世年代还有待考证[④],但可见该本于明代之前已于社会上广泛流传。

除了"《道藏》本"外,今《藏外道书》中亦存有《北斗经》的另外一个文本[⑤],可称之为"《藏外道书》本"。就现在所存文本来看,《道藏》本《北斗经》与《藏外道书》本《北斗经》在段落和字句等方面均有很大出入。下面,笔者以表格的形式,对其结构段落和字句作一详细比对,具体如下:

第一,两个文本在结构上的显著区别。

结构	《北斗经》(《藏外道书》本)	《北斗经》(《道藏》本)
开篇	有"开经玄蕴咒"	无"开经玄蕴咒"
首段	"太上老君分身下降至于蜀都"段落	"太上老君分身下降至于蜀都"段落
第二段	"老君垂法教、告天师"段落	"老君垂法教、告天师"段落
第三段	"家有《北斗经》保安宁"段落	"大圣北斗解厄"段落
第四段	"老君告北斗真形名号"段落	"于是七元君,大圣善通灵"五言段落
第五段	"老君告本命之日修斋设醮"段落	"老君告北斗真形名号"段落
第六段	"老君重告天师"段落 (此段落分为两部分,此为上半部分,下半部分位于"北斗经咒"段落之后)	"北斗经咒"段落

---

① 徐道龄:《太上玄灵北斗本命延生真经注》,《道藏》第17册,第1—38页。
② 玄元真人:《太上玄灵北斗本命延生真经注解》,《道藏》第17册,第39—65页。
③ 傅洞真:《太上玄灵北斗本命延生真经注》,《道藏》第17册,第65—87页。
④ 关于三家注本的问世年代,详见萧登福:《〈太上玄灵北斗本命延生真经〉探述》,《宗教学研究》1997年第3期,第55页。
⑤ 《太上玄灵北斗本命延生真经》,《藏外道书》第3册,成都:巴蜀书社1994年版,第787—792页。

续表1

结构	《北斗经》（《藏外道书》本）	《北斗经》（《道藏》本）
第七段	"信士受持读诵"段落	此部分并未单独成段，其内容散见于其他段落中。
第八段	"北斗经咒"段落（之后为下半部分"老君重告天师"段落）	"老君告本命之日修斋设醮"段落
第九段	"大圣北斗解厄"段落	"老君重告天师"段落
第十段	"于是七元君，大圣善通灵"五言段落	"家有《北斗经》保安宁"段落
第十一段	"老君说经毕"段落	"老君说经毕"段落
文末	附有"北斗长生聪明密咒"	无此篇经咒

第二，以《道藏》本所存《北斗经》的段落顺序为参照，对比两个文本在具体字句上的异同（差异明显的字句加下划线以示明）。

具体段落	《北斗经》（《藏外道书》本）	《北斗经》（《道藏》本）
"太上老君分身下降至于蜀都"段	尔时太清天中大圣老君，以永寿元年正月七日，在太清境上太清宫中。	尔时太上老君，以永寿元年正月七日，在泰清境上太极宫中。
	或生夷域之中	或生夷狄之中
	堕于地狱，转乖人道，难复人身，还归轮转，为无定故。	堕于地狱，为无定故。
	我以哀悯之心	乃以哀悯之心
	地神拥出	地神涌出
	于是太上升玉局座，授与天师道陵北斗本命经诀。	于是老君升玉局坐，授与天师北斗本命经诀。
	广宣要法，作人舟船，津梁男女，普济众生，使不失人路。	广宣要法，普济众生。
"老君垂法教、告天师"段	太上是时告天师曰	是时老君告天师曰
	多纵罪根，多诸巧诈。	多种罪根，多肆巧诈。
	多爱贪嗔，多沉地狱。	多纵贪嗔，多沉地狱。
	种种香花，时新五果，像世威仪，清净堂宇，法天象地。吾科善教，请正一道士一人，或一、或二、或三、或五、或七，或于观宇，或在家庭。	种种香华，时新五果，随世威仪，清净坛宇，法天像地。或于观宇，或在家庭。
	于是功德深重，不可具陈。	功德深重，不可具陈。
	念此太上北斗真君名号	念此大圣北斗七元真君名号
	善果臻身	善果臻身，凡有急难，可以焚香诵经，克期安泰。

续表 1

具体段落	《北斗经》(《藏外道书》本)	《北斗经》(《道藏》本)
"大圣北斗解厄"段	于是乃称念大圣北极救苦咒曰：	大圣北斗解厄应验曰：
	大圣北斗七元君能解四煞厄	大圣北斗七元君能解四杀厄
	大圣北斗七元君能解地狱厄	大圣北斗七元君能解刀兵厄
	大圣北斗七元君能解一切厄	大圣北斗七元君能解水火厄
"于是七元君，大圣善通灵"五言句段	三魂得安健，邪魅永能停。	三魂得安健，邪魅不能停。
	生生身自在，世世保心清。	生生身自在，世世保神清。
"老君告北斗真形名号"段	道言：北辰在象，而众星拱之。	老君曰：北辰垂象，而众星拱之。
	判人间善恶之期，勾阴府是非之目。	判人间善恶之期，司阴府是非之目。
	有灾有患，不知解谢之门，延福延生，莫晓皈真之路。	有灾有患，不知解谢之门，祈福祈生，莫晓归真之路。
	使魂神被系，祸患来钟。	致使魂神被系，祸患来缠。
	或上天谴责，或下鬼所诬。	或上天谴责，或下鬼诉诬。
	北斗真形，顶礼恭敬。咒曰：天灵节荣，愿保长生。太玄之一，守其真形。五脏神君，各保安宁。急急如律令。北斗第一阳明贪狼太星君……	凡见北斗真形，顶礼恭敬。北斗第一阳明贪狼太星君……（前无咒语）
	北斗第七天冲破军关星君	北斗第七天关破军关星君
	北斗洞明左辅星君	北斗第八洞明外辅星君
	北斗隐元右弼星君	北斗第九隐光内弼星君
	三台生我来，三台养我来，三台护我来。	上台虚精开德星君，中台六淳司空星君，下台曲生司禄星君。
	于是真形名号，不可得闻。	如是真君名号，不可得闻。
	其功德力不可称量，济度存亡，增延福寿。巍巍功德，真圣祖宗，为性相之根本，若正性男女，值此真经……	其功德力莫可称量。若正信男女，值此真经……
	皈奉真宗，达生荣界。	归奉真宗，达生荣界。
	不违真圣，不入邪见。	不违真性，不入邪见。

续表 2

具体段落	《北斗经》(《藏外道书》本)	《北斗经》(《道藏》本)
"北斗咒"段	北斗七真，天中大神。	北斗九辰，中天大神。
	贪狼巨门，禄存文曲，廉贞武曲，破军辅星。大周天界，细入微尘。	大魁贪狼，巨门禄存。文曲廉贞，武曲破军。高上玉皇，紫微帝君。大周天界，细入微尘。
	常见尊仪，愿赐长生。	愿见尊仪，永保长生。
	高上玉皇，紫微帝君，三台生我来，三台养我来，三台护我来。	三台虚精，六淳曲生。生我养我，护我身形。
	急急如太上玄灵北斗真君律令！	急急如律令！
"老君告本命之日修斋设醮"段	道言：凡人性命五体	老君曰：凡人性命五体
	凡俗无知，自身不悟。夫本命真圣，每岁六度。	凡俗无知，终身不悟。夫本命真官，每岁六度。
	限期可以消灾忏罪，请福延生，持此真经，随力章醮，福德增崇。	限期有南陵使者三千人，北斗真君七千神将，本命真官降驾，众真悉来拥护，可以消灾忏罪，请福延生，随力章醮，福德增崇。
	不设醮筵，不修香火。	不设斋醮，不修香火。
	不愧人身，天司夺禄，减算除年，致多夭丧。	不贵人身，天司夺禄，减算除年，多致夭丧。
	如此之人，身谢之后，沦没三涂，漂诸六趣，生禽兽中，永失人身，为本命人根本明所报也。	迷误之者，虽遇经诀，怀不信心，毁谤真文，如此之人，身谢之后，沦没三途，漂沉诸趣，永失人身，深可悲哀，自致斯苦。
	若本命之日，其有男女，能修斋醮。	若本命之日，能修斋醮。
	一世于本命限期，开转此经。	一时于本命限期，开转真经。
	广陈供养，使三生长为男子身。	广陈供养，使三生常为男子身。
	其有男女生身果薄	其有生身果薄
	可以酌水献花，冥心望北极。	能酌水献花，冥心望北极。
	围绕赞叹难可得遇无上法桥	赞叹难可得遇无上法桥

续表3

具体段落	《北斗经》(《藏外道书》本)	《北斗经》(《道藏》本)
"老君重告天师"段	道言于是重告天师曰	老君重告天师曰
	世人罪福善恶，皆达天司。	世人罪福善恶，皆属天司。
	建斋设醮，种人世善根，遇本命生辰。	遇本命生辰
	悔过虔恭，渐登妙果。	凡有上士于本命生辰持此真文者，外伏魔精，内安真性，功沾水陆，善及存亡，悔过虔恭，渐登妙果。
	重立玄功，证虚无道。证虚无道，乃得圣智圆通。圣智圆通，隐显莫测。	证虚无道，乃得圣智圆通。
	《北斗经》(《藏外道书》本)之"信士受持读诵"单独成段：于是天师受得妙法，而作是言，誓愿流行，令传善士，若有男女受持读诵，我当与十戒仙官所在拥护，迷误之者，值遇经诀，怀不信心，毁谤真文，如此之人，罪根难灭，命沉六趣，永失人身，深可悲哀，自致斯苦，凡有上士于本命生辰持诵是经，皆外伏魔精，将安真性，功沾水陆，善及存亡，保而敬之，非人勿示。永为身宝，福寿可称。是经在家有南陵使者三千人，北斗真君七千神将，本命灵官降驾，众真悉来拥护，持经之人常持诵七元真君所属尊号善功圆满，以降吉祥。	无此段。《北斗经》(《藏外道书》本)中，这部分的一些字句分散见于《北斗经》(《道藏》本)其他各个部分中。
	志感万圣千真	致感万圣千真
	此经尊重，是修真之迳路，得道逍遥，皆因此经，证圣成真，皆因此经，出离生死，皆因此经，保护男女，皆因此经，保命延年，皆得自在。此经若所在之家，千真敬礼，万圣护持，魔鬼潜消，精灵伏匿，世有灾殃，悉皆消灭。	此文所在之处，千真敬礼，万圣护持，魔鬼潜消，精灵伏匿，世有灾殃，悉皆消灭。是名《北斗本命延生经诀》，乃修真之迳路，得道逍遥，皆因此经，证圣成真，皆因此经，出离生死，皆因此经，保护男女，皆因此经，保命延年，皆得自在，永为身宝，福寿可称，保而敬之，非人勿示。
"家有《北斗经》"段	北斗真君应验曰：	老君说经将毕，龙鹤天仙来迎，还于玉京。是时天师受得妙法，而作是言，誓愿流行，以传善士，若有男女受持读诵，我当与十戒仙官所在拥护，于是再拜老君而说赞曰：
	说赞部分内容一致	

续表4

具体段落	《北斗经》(《藏外道书》本)	《北斗经》(《道藏》本)
"老君说经毕"段	道言说经将毕,龙鹤天仙来迎,老君还于玉京。是时老君重告天师曰:可以宣扬正教,普济世人,福利无边,永霑胜善。是时天师再拜。老君流传此经于世,广垂济度,勿示非人,戒慎之焉。	老君曰:善哉!善哉!汝可宣扬正教,福利无边,普及众生,永霑胜善。天师稽首礼谢,信受奉行。
《北斗经》(《藏外道书》本)之文末"北斗长生聪明密咒"段	北斗长生聪明密咒: 北斗七星,玉真仙灵。贪狼巨门,保臣长生。禄存文曲,使臣聪明。廉贞武曲,卫臣安宁。破军辅弼,护臣身形。常居吉庆,永爱福龄。注上生籍,勾落死名。神清气爽,洞达玄真。御邪摄鬼,群妖摧倾。学道修真,伏愿遂成。七元覆护,飞升紫庭。急急如太上帝君律令!	无此篇经咒

基于上述文本结构和文本用语,我们针对两个《北斗经》文本略做分析如下:

第一,这两个本子中都出现了"北斗咒",但具体字句存在差异。"北斗咒"的文句也被其他一些经书收录过。通过分析可以看出,其中之文句既有接近《北斗经》(《道藏》本)的,也有接近《北斗经》(《藏外道书》本)的。如《太上三洞神咒》卷六所存"北斗咒"[①]、《道门科范大全集》卷五十三所存"大圣北斗都管吉祥咒"[②]与卷五十七所存"北斗七元消灾延寿神咒"[③] 以及《上清天心正法》卷四[④]、《道法会元》卷六十四[⑤]与卷二百[⑥]、《法海遗珠》卷四十二[⑦]所存此段经咒(未署名)等,其文本内容与《北斗经》(《道藏》本)中的"北斗咒"大体一致;而《上清天心正法》卷七[⑧]、《上清天枢院回车毕道正法》卷上[⑨]、《道门通教必用集》卷七[⑩]中所存此段经咒(未署名)等,其文本内容则与《北斗经》(《藏外道

---

① 《太上三洞神咒》,《道藏》第2册,第93页。此经"当成书于宋之后",详见任继愈、钟肇鹏主编:《道藏提要》,北京:中国社会科学出版社1995年版,第59页。
② 《道门科范大全集》,《道藏》第31册,第880页。"本书编成于明成祖之后",详见任继愈主编:《道藏提要》,第966—967页。
③ 同上书,第891页。
④ 邓有功:《上清天心正法》,《道藏》第10册,第630—631页。此书为北宋饶洞天所传,南宋邓有功增益,详见任继愈主编:《道藏提要》,第409—410页。
⑤ 《道法会元》,《道藏》第29册,第197页。"书当编于元末明初",详见任继愈主编:《道藏提要》,第961—962页。
⑥ 同上书,第266页。
⑦ 《法海遗珠》,《道藏》第26册,第977页。"全书编纂时间盖在元末明初",详见任继愈主编:《道藏提要》,第921页。
⑧ 邓有功:《上清天心正法》,《道藏》第10册,第643页。
⑨ 《上清天枢院回车毕道正法》,《道藏》第10册,第475页。此经盖出于宋代,详见任继愈主编:《道藏提要》,第398页。
⑩ 吕太古:《道门通教必用集》,《道藏》第32册,第40—41页。一般认为,此文盖出于南宋,至迟在元代元贞年间之前,详见任继愈主编:《道藏提要》,第967页。

书》本）中的"北斗咒"大体一致。此外，《道法会元》卷一百七十二中所存"天罡神咒"①、《北斗治法武威经》中所存"天罡神咒"②、王契真《上清灵宝大法》中所存"参斗咒"③则和这两个版本的"北斗咒"都不一致。从行文上看，这几册经书中所存的"北斗咒"类似于两个版本经咒的杂糅，且具体字句又有一些改变。根据《道藏提要》，这些收录"北斗咒"的经书最终成书都在宋代及其以后，因此或可推知，这些经书引用的"北斗咒"或者是根据当时社会上流传的《北斗经》而来，又或是当时"北斗咒"已在社会上流传，并且有两个或者两个以上的不同版本，之后被这些经书（其中也包括《北斗经》）所收录。

第二，日本学者三浦国雄在其论文《日本若杉家本〈校正北斗本命延生经〉的意义》④中，提到了日本京都府立综合资料馆所存的《北斗经》钞本。三浦国雄认为这个版本是南宋时期谢守灏对旧本《北斗经》做出的校正本，其依据是该校正本前面有谢守灏的自序。

据三浦国雄推测，这可能是南宋之后有人将谢守灏《北斗经》钞本带到了日本，后来被阴阳道的人誊写而保留了下来。谢守灏自序的全文，被保存于三浦国雄论文中，通读这一序文可以知晓，当时社会已然流传《北斗经》，谢守灏本人对他所看到的《北斗经》文本进行了内容以及字句上的校正，形成了一个新的《北斗经》文本。通过对比可以看出，由谢守灏新校订定稿的《北斗经》全貌基本接近于《正统道藏》所存的《北斗经》。因此，三浦国雄认为《正统道藏》所存的《北斗经》以及三家注本所使用的《北斗经》底本，均为谢守灏的校正本，日本京都府立综合资料馆所存的《北斗经》钞本也是这一版本。

至于谢守灏用来校正《北斗经》所使用的底本，三浦国雄认为，根据谢守灏序言里面提及的校正痕迹来看，《藏外道书》中所存《北斗经》可能就是谢守灏校正之前的旧本。换言之，《正统道藏》之《北斗经》很有可能是在《藏外道书》之《北斗经》的基础上增改而成。

二、其他所见《北斗经》文本

《北斗经》除了上述道藏本、藏外道书本这两个本子之外，署名为"傅洞真注"的《太上玄灵北斗本命延生真经注》（简称傅注本）中，还提到了曾经可能存在的另一《北斗经》本子。有两种情况值得注意：

其一，傅洞真在其注本中共有八处提到"一本作某某字者，非"或"作某某字者，非"的文句，由此可以推知，这里所说的"本"，极可能是傅洞真在作注时所参考的另外的《北

---

① 《道法会元》，《道藏》第30册，第109页。
② 《北斗治法武威经》，《道藏》第18册，第696页。此经盖出于隋末唐初，详见任继愈主编：《道藏提要》，第632—633页。
③ 王契真：《上清灵宝大法》，《道藏》第30册，第669页。此经盖出于南宋，详见任继愈主编：《道藏提要》，第962页。
④ 三浦国雄著，王标译：《不老不死的欲求——三浦国雄道教论集》，成都：四川人民出版社2017年版，第131—150页。

斗经》文本。傅洞真在解释"在太清境上太极宫中"一句时写道:"一本作太清宫中者,非。"① 在解释"或生夷狄之中"一句处写道:"一本作夷域者,非。"② 在解释"司阴府是非之目"一句处写道:"作勾阴府者者,非。"③ 在解释"或上天谴责,或下鬼诉诬"一句处写道:"一本作所诬者,非。"④ 这四处被傅洞真判断为错误的句子,正好符合《北斗经》(《藏外道书》本)之原文。不过,其余四处则与《藏外道书》本《北斗经》不完全相同⑤。傅洞真如果参照过《藏外道书》本《北斗经》,那么他指出的不同也应远不止这两处。由此似可推知,即便傅洞真指出的这八处错误均来自于另外同一个《北斗经》文本,也说明至少当时还有其他《北斗经》文本流传在世。

另外,根据傅注中仅列出的八处不同看来,当时傅洞真所主要参照的这一《北斗经》文本,其在字句上已大体符合《道藏》本《北斗经》文本。推测来看,也有可能出现的情况是,谢守灏校订之《北斗经》本出现之后,其在流传过程中出现了一些抄写错误,而被傅洞真视为"另一本"。

第二,傅注本的文末附有《北斗长生聪明神咒》,傅洞真在对这篇神咒所作的注解中称:"旧本咒后有'急急如太上律令'一句,若是太上所宣,以敕斗极者,则不应咒中称'臣'字,既已称'臣',又云'急急如律令',恐不合理,今改作'臣无任虔祷之至'为是。"⑥ 傅洞真所说的"旧本"经咒的情况,与《藏外道书》本《北斗经》的"长生聪明密咒"一致,那么傅洞真作注时所引用的《北斗经》文本,便应当是区别于其所称"旧本"的"今本",否则傅洞真不必特意将其指出,而《道藏》本《北斗经》中则没有这篇经咒。综合上述内容,可见当时所流传之《北斗经》文本,并非唯一。

《正统道藏》中《太极祭炼内法》卷下提到"北斗经云:'太玄之一,守其真形'"⑦。这一句话所称引的"经咒"出现在《藏外道书》本《北斗经》"老君告北斗真形名号"段落之中,《道藏》本《北斗经》则无这段经咒。题为"玄阳子徐道龄集注,乾阳子徐道玄校正"的《太上玄灵北斗本命延生真经注》(简称徐注本)中,徐道龄在《北斗经》正文"老君说经毕"部分注解结束之后,又附上了这段经咒,和包括"长生聪明神咒"在内的其他经咒,但徐道龄仅对这篇经咒的内容作了注解,徐道龄也并未提及自己参见过别本《北斗经》。因此,有一种可能,便是徐道龄在作注时,所引用的《北斗经》文末本便附有这篇经咒,徐道

---

① 傅洞真:《太上玄灵北斗本命延生真经注》,《道藏》第17册,第66页。
② 同上书,第66页。
③ 同上书,第73页。
④ 同上书,第75页。
⑤ 其余四处为:解释"太上老君"一句处写道:"作太清宫中大圣老君者,非。"(同上书,第66页。)解释"老君曰:北辰垂象而众星拱之"一句处写道:"一本作北辰在上者,非。"(同上书,第73页。)解释"作人神之主宰,宣威三界,统御万灵"一句处写道:"一本作宣威科戒者,非。"(同上书,第73页。)解释"北斗九辰,中天大神"一句处写道:"一本作七星天中者,非。"(同上书,第80页。)
⑥ 傅洞真:《太上玄灵北斗本命延生真经注》,《道藏》第17册,第87页。
⑦ 郑思肖:《太极祭炼内法》,《道藏》第10册,第463页。

龄在其注本中便将其视作《北斗经》文本的一部分，对其作出了注解和诠释①。

从以上内容中可以看出，《藏外道书》所存《北斗经》问世以来，其文本中包含有"太玄之一，守其真形"这一句在内的一篇经咒，和文末附带的"长生聪明神咒"。在流传过程中，经文的结构和内容经过了大幅度的修正，逐渐接近于《正统道藏》所存《北斗经》的文本样貌，这两篇经咒则依旧附于文中，作为经文的一部分。但在之后的流传过程中，这两篇经咒逐渐与正文文本脱离，《正统道藏》所收录的《北斗经》，便是同时不包含这两篇经咒在内的文本②。

此外，在《道德真经藏室纂微开题科文疏》卷二还提到"后见西蜀张渠之注《北斗经》云"③，这说明当时或之前可能还有一"张渠之"所作的《北斗经》注在流传，可惜今已不见。

出自北宋的《太上北斗二十八章经》中有"元君赞经曰：家有《北斗经》，家国自安宁。家有《北斗经》，寿命自然长。家有《北斗经》，亡者得超生。家有《北斗经》，官灾不能成。家有《北斗经》，五谷自成熟。家有《北斗经》，百怪不能侵。家有《北斗经》，更夜自然安"④。其内容和《北斗经》文末"家有《北斗经》"部分非常相似，但具体的内容又完全不同，因而难以确定这段文字是否引用自早期流传的别本《北斗经》，又或是这段文字是这本经书作者自己撰写而成。但至少有一点可以确定，即当时已经有名为《北斗经》的经文问世，尽管这一经文原貌如何已难以审辨。

---

① 三浦国雄论文中引述了部分谢守灏序言的原文，从谢守灏原文来看，这篇经咒被放置于《北斗经》正文开始之前，说明当时这篇经咒还未和文本脱离。详见三浦国雄：《不老不死的欲求——三浦国雄道教论集》，第150页。
② 这两篇经咒在后世流传中并未完全和《北斗经》文本脱离，笔者所见今"二仙庵藏版"之《北斗经》文末，便附有"北斗延生聪明神咒"（即"长生聪明神咒"）和"玄灵咒"（即包含有"太玄之一，守其真形"这一句在内的经咒，字句略有不同）这两篇经咒，这种情况并非孤例。
③ 《道德真经藏室纂微开题科文疏》，《道藏》第13册，第936页。
④ 《太上北斗二十八章经》，《道藏》第11册，第366页。

道教思想与《画山水序》蠡测

邱 月*

内容提要：魏晋南北朝是审美自觉的时代。宗炳的《画山水序》在继承先秦儒道审美思想的基础上融合时代审美思想而产生。魏晋时期道教思想迅速发展并对该时代的审美思想产生了重要的影响。将《画山水序》文本与道教经典文本对比，可以发现二者在圣贤与山水之"道"、绘图于室的原因技法和观照山水的审美体验等方面存在密切联系。

关键词：道教 宗炳 《画山水序》

魏晋时期，儒学式微，文艺审美逐渐脱离儒学桎梏走向独立，宗炳（375－443）的《画山水序》便是绘画审美走向独立的典型代表。《画山水序》作为中国历史上第一篇山水专论论文，在中国绘画史、文艺史上具有重要地位。

宗炳出生于传统儒家官宦家庭，曾被朝廷多次征召而不应召，虽然归隐于山泉，却多次出面参与三教论辩，捍卫"神不灭"[①]思想。宗炳的《画山水序》中，儒、佛、道三教思想均有体现，但这并不代表宗炳在论述中没有更倾向于某一教派思想。本文旨在通过《画山水序》文本和道教经典文本的对比，随宗炳的行文脉络，蠡测道教思想与《画山水序》的联系。

一、圣贤与山水之"道"

《画山水序》首段出现三次"道"：

---

* 邱月，女，四川成都人，四川师范大学在读美学硕士。
① 僧祐：《弘明集》第14卷，上海：上海古籍出版社1991年版，第10页。

圣人含道暎物，贤者澄怀味像。至于山水，质有而趣灵，是以轩辕、尧、孔、广成、大隗、许由、孤竹之流，必有崆峒、具茨、藐姑、箕、首、大蒙之游焉。又称仁智之乐焉。夫圣人以神法道，而贤者通；山水以形媚道，而仁者乐。不亦几乎？①

宗炳将"道"与山水绘画联系，将含道暎物、以神法道和以形媚道三者结合，揭示出作为审美主体的圣人和作为审美客体的山水与"道"的关系。"道"于圣人和山水而言都具有重要作用。若分而论之，则可将其归为圣贤之道和山水之道。

（一）圣贤之"道"

宗炳首先谈到审美活动中的圣贤之"道"。先圣贤人在审美活动中需含道暎物、澄怀味像，这两个相同结构的词可拆分为"含道"与"澄怀"，"暎物"与"味像"。老子的"涤除玄览"②是宗炳"含道"与"澄怀"的先声，审美活动中需审美主体保持虚静、空明之心，与世俗名利拉开距离，心无旁骛地投身于审美客体。但宗炳将"含道"与"澄怀"相连，既体现出圣人需达到澄清怀抱、涤荡心灵的要求，又说明了这个要求并非让心灵了无一物。保持心灵的虚静是为了让"道"得以入门，并在体内积聚，为"暎物"与"味像"做准备。

与此相关联的是道教有"守一"③和"存神"④的修炼方法。"守一"的思想在老庄时期就已产生，道教继承后发展为修道成仙的方术。"欲解承负之责，莫如守一。守一久，天将怜之。一者，天之纪纲，万物之本也。"⑤这是说"守一"之法有解除承负罪责的功能。道教内部对"一"有不同解释，因此所守的内容也不尽相同，主要分为守神、守气、守精气神以及守三丹田四类。无论所守之"一"是哪种内容，其修炼的侧重点都不在炼形而是炼神。"夫欲守一，乃与神通，安卧无为，反求腹中"⑥，修炼者守精、气、神不内耗、外溢，使之充盈于体内，并与形体融合，抱而为一。修炼中排除一切杂念，保持心神清静，长久修炼便可得道成仙。

"存神"与"守一"相似，也需保持内心清净，排除杂念。葛洪（284－364）的《抱朴子·内篇》中谈到修炼"存神"的要求：

> 欲修其道，当先暗诵所当致见诸神姓名位号，识其衣冠。不尔，则卒至而忘其神，或能惊惧，则害人也。为之，率欲得静漠幽闲林麓之中，外形不经目，外声不入耳，其道必成也。三童九女节寿君，九首蛇躯百二十官，虽来勿得熟视也。或有问之者，或有

---

① 张彦远：《历代名画记》，北京：中华书局 1985 年版，第 208 页。
② 李耳，卫广来主编：《老子》，太原：山西古籍出版社 2003 年版，第 15 页。
③ 王明：《太平经合校》，北京：中华书局 1960 年版，第 60 页。
④ 王明：《抱朴子内篇校释》，北京：中华书局 1980 年版，第 249 页。
⑤ 王明：《太平经合校》，北京：中华书局 1960 年版，第 60 页。
⑥ 同上书，第 741 页

诃怒之者，亦勿答也。或有侍从昈晔，力士甲卒，乘龙驾虎，箫鼓嘈嘈，勿举目与言也。但谛念老君真形，老君真形见，则起再拜也。①

道教认为神无所不在，精思存神，神就会安置其身，实现修炼者的需求。修炼前熟记诸神，修炼时寻幽静、闲适的山林岩泉，闭合双眼，冥思神仙形貌、神态，去除杂念，潜心修炼，方能见神。若见到太上老君则可"年命延长，心如日月，无事不知也"②。在论述了"存神"的要求之后，作者又具体论述了"存神"的方法：

思其身为五玉。五玉者，随四时之色，春色青，夏赤，四季月黄，秋白，冬黑。又思冠金巾，思心如炎火，大如斗，则无所畏也。又一法，思其发散以被身，一发端，辄有一大星缀之。又思作七星北斗，以魁覆其头，以罡指前。又思五脏之气，从两目出，周身的云雾，肝青气，肺白气，脾黄气，肾黑气，心赤气，五色纷错，则可与疫病者同床也。③

此为存思身、心、发、五脏等的方法。修炼者通过精思存想向往的修炼目标，精诚所至，就能拥有所向往的神仙或物体的性质，达到长生、广知、避祸避灾的效果。

道教保持虚静所守之"一"、所存之"神"，皆为"道"，修炼的目的皆是得"道"。且"守一"和"存神"两种修炼方法都需寻闲适僻静处，摒除外界干扰，使身心融为一体才能进行。而宗炳认为，圣人因涤清怀抱使"道"得以长久内含，且能以内在强劲的精神发现"道"、把握"道"，并能在观照山水时将"道"映照于山水。由此可见，宗炳所论圣人与"道"的关系和道教修炼中修炼者与"道"的关系相似，都为澄静心灵、心无杂念以求"道"。

（二）山水之"道"

审美主体需将"道"内含、澄明怀抱，那审美客体应具备怎样的条件？圣人所暎之物、所味之像，皆为山水。宗炳认为山水需质有而趣灵，既有外在展露的形质之美，又有内蕴其中的灵趣。

质有，即山水本身就玲珑活泼，具形质之美。趣灵之趣有两种解释，其一指山水的意趣，其二表动词趋向，但这两种解释都不影响其中蕴含的山水有"灵"思想。山水有"灵"，此"灵"意义与"道"相通，它既内蕴于山水本身，又以形媚道，通过山水之形展现出来。质有是所有审美客体都具备的性质，而趣灵是山水区别于其他审美客体的因素，更是宗炳栖

---

① 王明：《抱朴子内篇校释》，北京：中华书局1980年版，第249页。
② 同上书，第250页。
③ 同上书，第251页。

丘饮谷三十余年的重要原因。

　　山水有"灵"的思想一直深受道教推崇。道教宣扬神仙信仰，信奉修炼成仙。《说文解字》中，仙又作仚，上下结构的字形生动地说明仙乃居于山上之人。先秦已有海上神山的传说，但海上之山世人皆未能相见，于是现实世界中的山逐渐成为趋之若鹜的洞天福地。葛洪、陶弘景（456－536）等都讲到道教修炼与山的关系，内修心、外修身，皆需找到有"灵"之山水。山水有"灵"便可通达天庭，或受福度世、修成地仙。"山无大小，皆有神灵，山大则神大，山小即神小也。"① 葛洪认为所有的山均有神灵，又具体列举了华山、泰山、霍山、恒山等二十余座能凭精诚的思索和恰如其分的配合制作仙药的山，认为"此皆是正神在其山中，其中或有地仙之人。上皆生芝草，可以避大兵大难，不但于中以合药也，若有道者登之，则此山神必助之为福，药必成"②。若不能攀山，也可寻有"灵"之水："若不得登此诸山者，海中大岛屿，亦可合药。若会稽之东翁洲、亶洲、纻屿，及徐州之莘莒洲、泰光洲、郁洲，皆其次也。"③ 可见山水有神灵，既可躲避战乱灾祸，也可采集芝草合成仙药。

　　山水有"灵"，这是道教修炼之山的必要要求，亦是宗炳笔下圣贤崇尚山水的重要原因。宗炳列举了轩辕（约前2717－前2599）、尧（约前2188－前2067）、孔（前551－前479）、广成（传为黄帝时期人）、大隗（传为黄帝时期人）、许由（传为尧舜时代人）、孤竹（传为商朝人）等古代圣贤，又对应列举了与这些圣贤相关的崆峒、具茨、藐姑、箕、首、大蒙等名山。崆峒乃道教神仙广成子所居之处，《庄子·在宥》提到轩辕黄帝曾到崆峒山向广成子问道，《史记·五帝本纪》也说黄帝西至崆峒；具茨是道教大隗真人修道之地，《庄子·徐无鬼》记载黄帝于具茨山将见大隗，《天中记》记录黄帝在具茨山受《神芝图》于黄芦童子；藐姑射山与帝尧相关，《庄子·逍遥游》谓"藐姑射之山，有神人居焉"④，且"尧治天下之民，平海内之政，往见四子藐姑射之山"⑤；箕山是许由隐居之山，尧让帝位于许由，许由推而不就，仍依山而食，就河而饮；首阳山乃孤竹君之子伯夷、叔齐隐居之处，"义不食周粟，隐于首阳山，采薇而食之"⑥。而句中所言"大蒙"与"孔"，至今存在争议。《尔雅·释地》解释"大蒙"为太阳落下的地方，用此意则"大蒙"并非"名山"，与句意不符；《明佛论》中论及孔子曾游大蒙山，其中"大"和"蒙"分别指泰山与蒙山，放于句中解释无误；但陈传席（1950－）在其《六朝画论研究》中就句中其他圣贤身份及古人用词习惯，推测宗炳所言"尧孔"应为"尧舜"之误作，由此认为"大蒙"并非孔子所游泰山、蒙山。暂

---

① 王明：《抱朴子内篇校释》，北京：中华书局1980年版，第237页。
② 同上书，第76页。
③ 同上。
④ 庄周著，郭象注：《庄子》，北京：中华书局2018年版，第9页。
⑤ 同上书，第11页。
⑥ （西汉）司马迁：《史记》，北京：线装书局2006年版，第281页。

不论"孔"是否为"舜","大蒙"是否为泰、蒙两山,就句中确定的圣贤与名山而言,确皆与道教相关。山水有"灵",故古之圣贤崇山尚水。

紧随其后,宗炳化用孔子"知者乐水,仁者乐山"①,认为圣贤澄清怀抱将内蕴之"道"外现于山水。山水内含有灵之"道",通过外在形质将其展现于圣贤的审美活动应称之为"仁智之乐"。若前文的"孔"并非误作,宗炳就已两次论及孔子。从中足以窥见儒家孔圣思想对宗炳的影响,虽如此,但宗炳此处所论观照山水所获得的"仁智之乐"已跳出孔圣的比德理论框架。圣贤澄怀而含道,山水质有而趣灵,圣贤进行审美活动不再以山水比德,而更倾向于自身的林泉之心和山水本身的美。

综上所述,山水观照活动中圣人与"道"的关系和道教修炼中修炼者与"道"的关系相似,山水与"道"的关系也与道教宣扬的山水有神灵的观点有直接联系,且宗炳所列举的圣贤或是道教神仙,或与道教神仙有直接接触,所列名山也几乎为道教仙山。由此可见,宗炳开篇所论圣贤和山水之"道"的思想与道教思想密切相关。

二、"画象布色"之因

宗炳喜好山水,热爱远游,论述审美活动的主客体应具备的条件后,宗炳联系自身情况道出作山水画的原因:

> 余眷恋庐、衡,契阔荆、巫,不知老之将至。愧不能凝气怡身,伤砧石门之流,于是画象布色,构兹云岭。②

宗炳醉心于山水,兴之所至,忘却时间流逝,既留恋不舍于庐山、衡山,又念念不忘于荆山、巫山。此处列举的庐山与道教的缘分可追溯至彭祖,衡山是道教著名的洞天福地之一,荆山有纯阳道院、神仙福祉龙游宫,巫山有神女,皆带有浓烈的道教色彩。宗炳在这些幽静山林隐逸几十年,开始面临老、疾的顾虑。年岁渐大,愧悔自己不能凝气怡身。此处暗含世人从出生便面临的问题:死亡。世人对死亡的恐惧是宗教产生的重要原因,所有宗教都需思考死亡问题,但不同宗教对死亡的看法不同,应对措施也不同。道教认为"生"是人生的首要追求,生命是顺应自然的万物本性,而"死"违逆自然,即"生者,其本也。死者,其伪也"③。道教不讨论死后升天堂或下地狱,涅槃或轮回,认为"凡天下人死亡非小事也,一死,终古不见天地日月也脉骨成涂土,死命,重事也。人居天地间,人人得一生,不得重

---

① 孔子著,于江山主编:《论语》,北京:中国纺织出版社2007年版,第138页。
② 张彦远:《历代名画记》,北京:中华书局1985年版,第208页。
③ 王明:《太平经合校》,北京:中华书局1960年版,第53页。

生也"①。死后的世界不见日月、脉骨成土，而人存于世，应将生命把握于当下。道教重"生"，因此追求无限的生命，渴望神仙的世界，并提出用修炼成仙来化解死亡的方法。

宗炳悔之不能的法术就是道教用以成仙的修炼方术，类似于"守一"。"古之要道，皆言守一，可长存而不老"②，"守一"则可长视久生。但道教所持的长寿能学观点被很多人质疑："人中之有老彭，犹木中有松柏，禀之自然，何可学得乎？"③葛洪曾答曰："夫陶冶造化，莫灵于人。故达其浅者，则能役用万物，得其深者，则能长生久视。知上药之延年，故服其药以求仙。知龟鹤之遐寿，故效其道引以增年。"④人是智慧生物，道术浅薄的人尚能役使万物，道术精深者为何不可长生不死？道教修炼不仅有"守一"等内修之术，也有炼制外服丹药之术。修道之人炼制并服食益寿延年的药物、仙丹，并效仿长寿的龟鹤导引以延长年岁，终将修彭老之道，与彭老同功。

宗炳愧叹年老而不能凝气怡身，可见他虽信奉佛教"神不灭"的主张，但在现实诉求上仍然渴望身体的长生不老。他在《明佛论》也谈到道教方术："若老子、庄周之道，松、乔、列、真之术，信可以洗心养身，而亦皆无取于六经。"⑤他相信道教之术确可以洗心养身，但苦于自身不能凝精、气、神于一体，也无金丹、仙药外助，以至于身体多病，不能尽兴游历山水。

由上可知，宗炳年老时愧痛不能的凝气怡神的法术和其中隐含的死亡忧虑分别与道教的修炼方术和生死观相关。宗炳忧虑死亡，但又留恋山水，不能修道长生继续跋山涉水，便画象布色、构兹云岭，将所游履的山水，绘图挂于室内，卧以游之。不能继续欣赏自然山水之美，却得以继续观照艺术山水，宗炳谓之"抚琴动操，令山水皆响"⑥。

三、"得于一图"之法

有了将所游之景绘图于室内的想法，宗炳开始论述如何将所见山水的形意跃然纸上：

夫理绝于中古之上者，可意求于千载之下。旨微于言象之外者，可心取于书策之内。况乎身所盘桓，目所绸缪。以形写形，以色貌色也。且夫昆仑山之大，瞳子之小，迫目以寸，则其形莫睹，迥以数里，则可围于寸眸。诚由去之稍阔，则其见弥小。今张绢素以远暎，则昆、阆之形，可围于方寸之内。竖划三寸，当千仞之高；横墨数尺，体

---

① 王明：《太平经合校》，北京：中华书局1960年版，第298页。
② 同上书，第716页。
③ 王明：《抱朴子内篇校释》，北京：中华书局1980年版，第40页。
④ 同上。
⑤ 僧祐：《弘明集》第14卷，上海：上海古籍出版社1991年版，第10页。
⑥ 沈约：《宋书》，北京：中华书局1974年版，第2278页。

百里之迥。是以观画图者，徒患类之不巧，不以制小而累其似，此自然之势。如是，则嵩华之秀，玄牝之灵，皆可得之于一图矣。①

古圣学说虽已隐没千年，但仍可探寻，隐微的旨意在物象上无法得知，还可以潜心研究书策。宗炳的微"旨"可追溯到老子（约前571—前471）微妙玄通、深不可识的"道"，庄子（约前369—前286）窈窈冥冥、昏昏默默的"至道"。老庄认为道不可说，至言无言。但道教继承老庄思想后加以改造发挥，将不可言说的至言发展为神授的天书，认为文字"乃是五色初萌，文章画定之时"②。道教赋予文字超然象外的神圣起源，并同时赋予它为人探究的可能："一者，阴阳初分，有三元五德八会之气，以成飞天之书，后撰为八龙云篆明光之章。"③由此，玄妙的明光之章可言不能言之"旨"，言不尽意以立象，象不尽意则可澄清怀抱取于书策的明光之章。可见宗炳论述微"旨"探求于书策的观点，正与道教天书神授的观念相合。

古圣意旨断代千年仍可在书策中进行了解。宗炳盘桓、观览山水多年，对审美活动应具备的心胸和山水本身的形质、灵趣都有深刻的体悟，所以绘所游之景于室内成为可能。但如何在画纸上呈现山水？宗炳认为首先以孤峰高耸描绘山水形状，以青黛色彩画青黛山水，外形和色彩上都参照真实山水，实地写生；其次需近看山水细节、远看山水全貌，通过远近观察展现不同的景色；最后以小见大，用竖划之笔作千丈高峰，横画墨线表百里之遥。掌握这三个方法就能使灵秀的嵩华与玄牝呈现于室内，满足宗炳卧而游之的期待。

宗炳论及的山水画技法与道教《五岳真形图》有一些相似之处：

> 五岳真形者，山水之象也。盘曲回转陵阜，形势高下参差，长短卷舒，波流似于奋笔，锋芒畅乎岭崿。云林玄黄，有如书字之状。是以天真道君，下观规矩，拟纵趣向，因如字韵，随形而名山。④

这段文字首先对《五岳真形图》进行了定义，乃描绘山水形象之图。紧接着论述所绘山水之形有高有低、有长有短、有参差、有卷舒，即通过画卷展现山水本来的形状。且《五岳真形图》图后有文："黑者山形，赤者水源，黄点者室穴口也。"⑤可见五岳图不仅绘形，也绘色。又论及画面纵横展现不同景象，纵笔写五岳千丈之高，横笔写五岳磅礴逶迤。

二者对照，宗炳所论绘画技法与《五岳真形图》在绘色绘形、笔墨纵横等方面有很大程

---

① 张彦远：《历代名画记》，北京：中华书局1985年版，第208页。
② 陶弘景：《真诰》，北京：中华书局1985年版，第7页。
③ 张君房：《云笈七籖》，北京：华夏出版社1996年版，第35页。
④ 同上书，第491页。
⑤ 《道藏》第6册，北京：文物出版社；上海：上海书店；天津：天津古籍出版社1988版，第735页。

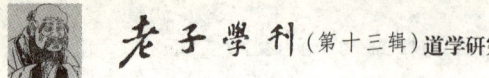

度的相似性。葛洪言及:"道书之重者,莫过于三皇文,五岳真形图也。"① 《五岳真形图》在道教具有重要地位,于常人而言可作为登山涉水的地图使用,于道教修炼者而言,更有辟邪避灾、通向神灵的作用。可能宗炳西陟荆巫、南登衡岳也正是以《五岳真形图》作为工具来辨别方向、获知林泉的。

此外,宗炳在这部分提到的昆山、阆风两座神山也与道教相关。昆山是中国古神话中的著名的神山,更是道教洞天福地中首屈一指的仙境,乃百神居所。阆风同样为道教神山,是想象之山,据说位于昆仑之上。

四、"披图幽对"之感

山水已泼墨挥洒纸上,宗炳展画欣赏:

> 夫以应目会心为理者。类之成巧,则目亦同应、心亦俱会。应会感神,神超理得,虽复虚求幽岩,何以加焉?又神本亡端,栖形感类,理入影迹,诚能妙写,亦诚尽矣。于是闲居理气,拂觞鸣琴,披图幽对,坐究四荒,不违天励之藂,独应无人之野。峰岫峣嶷,云林森眇,圣贤暎于绝代,万趣融其神思,余复何为哉?畅神而已。神之所畅,孰有先焉?②

老之将至,悠然而居,琴觞自怡,展山水画卷。有形之山水,无形之灵韵,皆通感于画中,观之,仿若置身峰岫高俊、云林森眇之镜,超脱尘浊。谢赫(479—502)评宗炳绘画时说道:"炳于六法,亡所遗善。然含毫命素,必有损益。迹非准的,意可师效。"③但张彦远(815—907)以"且宗公高士也,飘然物外,不可以俗画传其意旨"④ 来反驳谢赫,认为《嵇中散》《白画孔子弟子像》《狮子击象图》等流传下来的作品皆为宗炳的俗画,不能代表宗炳的山水绘画思想,更不能传递出宗炳微妙的山水意旨,因而不能就此评判宗炳的绘画技法。况且宗炳超脱世俗的飘然境界在他的文字里展露无遗,从文字中也可感受到他山水画暎于绝代的风采。

审美主体已澄清怀抱,审美客体也已形、灵具备,由此进行审美活动能带来怎样的审美体验?宗炳将其概括为"畅神",即在审美活动中,观赏者的身心和画面中的山水灵趣融于一体,观赏者由此神思飞扬,得到愉悦、自由的审美体验。这样的美感体验具有重神、愉悦、自由三个特点,而这三个特点同样为道教重视。

---

① 王明:《抱朴子内篇校释》,北京:中华书局1980年版,第289页。
② 张彦远:《历代名画记》,北京:中华书局1985年版,第209页。
③ 同上书,第211页。
④ 同上。

首先，道教重视"神"的作用。"夫人本生混沌之气，气生精，精生神，神生明。"①"人有一身，与精神常合并也，形者乃主死，精神者乃主生。常合即吉，去则凶。无精神则死，有精神则生。"②道教认为人的精神与形体是相辅相成的，但又更看重精神，因为人的寿命取决于"神"，"神"主"形"从。所以道教修道成仙的方术也多与"神"相关，例如葛洪论及内丹修炼时的描绘：

乃父吸宝华，浴神太清，外除五曜，内守九精，坚玉钥于命门，结北极于黄庭，引三景于明堂，飞元始以炼形，采灵液于金梁，长驱白而留青，凝澄泉于丹田，引沈珠于五城，瑶鼎俯爨，藻禽仰鸣，瑰华擢颖，天鹿吐琼，怀重规于绛宫，潜九光于洞冥，云苍郁而连天，长谷湛而交经，履蹑干兑，召呼六丁。③

这段文字以诗性的语言展现出守"神"、修"神"的方法。咀嚼吸食自然之气，沐浴清明元气，身外珍摄金、木、水、火、土五星的精蕴，身内守持九窍的精华，内视反听，最终便能以意念招来神使，达到"治饥止渴，百痾不萌，逍遥戊巳，燕和饮平，拘魂制魄，骨填体轻，故能策风云以腾虚，并混舆而永生"④的境界。

其次，道教注重人生快乐。宗教修炼多为离世苦修，但道教重当下体验，认为："人最善者，莫若常欲乐生，汲汲若渴，乃后可也。"⑤愉悦是道教徒汲汲追求的要务，若修炼能达到"畅神""畅玄"之境，则其乐不穷；若不能达到，则器弊神逝。离开"神"，求乐之人便无法主客相融，得到真实、长久的快乐，反而逸豫伤身。

最后，道教追求自由的境界。道教修炼的目的是长生成仙，这样的现实追求在精神上就体现为自由。神仙是自由的代名词，他们不受任何束缚，自在畅游。庄子的篇章已有对神仙的想象："肌肤若冰雪，绰约若处子，不食五谷，吸风饮露，乘云气，御飞龙，而游乎四海之外。"⑥这是免于人世烦恼、畅游于天地间的神人。道教的《神仙传》等作品中描绘的神仙也多是如此，自由长生而不受俗事束缚。葛洪也描绘神仙，但稍有不同：

得之者贵，不待黄钺之威。体之者富，不须难得之货。高不可登，深不可测。乘流光，策飞景。凌六虚，贯涵溶。出乎无上，入乎无下。经乎汗漫之门，游乎窈眇之野。逍遥恍惚之中，徜徉仿佛之表。咽九华于云端，咀六气于丹霞、徘徊茫昧，翱翔希微，

---

① 王明：《太平经合校》，北京：中华书局1960年版，第736页。
② 同上书，第716页。
③ 王明：《抱朴子内篇校释》，北京：中华书局1980年版，第100页。
④ 同上。
⑤ 王明：《太平经合校》，北京：中华书局1960年版，第80页。
⑥ 庄周著，郭象注：《庄子》，北京：中华书局2018年版，第9页。

履略蜿虹,践跚旋玑,此得之者也。①

葛洪认为这是"神"的最高境界,是对于得道者的最高想象。他们长生不老,可上天入海、畅游世界,并具有富与贵的特点。对神仙富、贵的想象是葛洪不同于前人的地方,但这也使神仙的形象更靠近普通人对自由的畅想。生存于动乱时代的民众,希望神仙不仅能在精神上超然畅游,也能于物质上拥有无穷的财富。

葛洪也谈到"神"的次等境界:

知足者则能肥遁勿用,颐光山林。纡鸑龙之翼于细介之伍,养浩然之气于蓬荜之中。襤褛带索,不以贸龙章之晔晔也。负步杖笑,不以易结驷之骆驿也。藏夜光于嵩岫,不受他山之攻。沈鳞甲于玄渊,以违钻灼之灾。动息知止,无往不足。②

知足者隐于世外而不为世用,韬光养晦于山林之间。宗炳"畅神"体验中对自由的追求与葛洪所言的最高"神"的境界对应,他在精神上已达到这个境界,但现实却无凝气怡身之法,无法真正触及"神"境。栖丘饮谷三十年,年老之时,宗炳实为葛洪笔下次于"神"的知足者。

一张琴、一壶酒、一卷画,山水意趣融于神思,宗炳如此得以"畅神"。而这样的"畅神"体验,与道教重"神"、重"乐"、重"自由"三方面内容密切相关。

综上所述,宗炳虽有佛教徒身份,但兼受儒、佛、道三教思想的影响,其思想、作品不能以一"教"以蔽之。以上所述随宗炳的行文脉络,将《画山水序》文本与道教经典文本联系,从圣贤与山水之"道"、绘图于室的原因、技法,以及欣赏山水画的审美体验四方面呈现了《画山水序》与道教的联系。

---

① 王明:《抱朴子内篇校释》,北京:中华书局1980年版,第2页。
② 同上。

《坐忘论》与汉译《杂阿含经》"断缘"对比[*]

黄文琴[**]

内容提要：本文依据《坐忘论》和《杂阿含经》中关于"断缘"的相关论述，从"断缘"的角度，拟就"断缘"的含义、目的、方法三个方面进行对比研究，讨论道教和佛教人生问题、终极追求和理想境界，揭示初唐时期的重玄道学对佛教观念的吸收。

关键词：断缘　坐忘论　杂阿含经

《坐忘论》是一部道家坐忘的理论专著，主要论述了修道的"七阶次"，作者司马承祯（646—735）是唐代重玄学的重要代表人物。这个时期的道教重玄学继承了"晋人以庄为老"的遗风，阐发老庄幽奥，吸收佛教思想，旨在精神超越[①]。重玄学建立了中国哲学史上第一个包含本体论、存在论、方法论、修养论、心性论、意义论的完整哲学体系，实现了相当于先秦两汉老庄学与魏晋玄学的老庄学的第三期发展。重玄学者从佛学的思想方法中受到启发，却又不愿落于"佛套"，而欲在更高思辨的基础上向老庄复归[②]。例如司马承祯著《坐忘论》，以《老子》《庄子》等道教经典为依据，吸收佛教中"缘""佛性"等观念，提出了"安心坐忘"的修炼得道的方法，继承先秦两汉老庄学与魏晋玄学，予宋明理学的哲学思考和后来的道教理论以启示[③]。《坐忘论》最早的节本，保存在明《道藏》所收宋曾慥（？—1155）编《道枢》卷二中，称《坐忘篇上》，系节选正文和选录《枢翼》而成。明《道藏》又收录有真静居士（生卒年不详）刻印的七阶《坐忘论》，署名"司马承祯子微撰"。本文以

---

[*] 本文系重庆市社会科学规划项目《巴渝道书文献与思想研究》（项目编号：201706）的阶段性研究成果。
[**] 黄文琴，1989年生，西南大学政治与公共管理学院哲学系宗教学在读博士生。
[①] 卢国龙：《论唐代〈易〉〈老〉兼综的道教学风》，《中华文化论坛》1994年第2期，第66页。
[②] 李大华：《道教"重玄"哲学论》，《哲学研究》1994年第9期，第41页。
[③] 卿希泰：《司马承祯的生平及其修道思想》，《宗教学研究》2003年第1期，第3页。

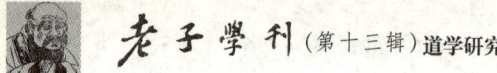

1988年文物出版社、上海书店、天津古籍出版社联合出版之明《道藏》为研究对象。

《阿含经》是佛教的根本圣典，它的重要性犹如《论语》之于孔子一样。佛教经藏里头的《阿含经》在南北传佛教皆有保存，经近代学者考证，已被公认为是记载佛陀时代言教的最原始经典，是直接了解佛教教义与佛陀教化精神的最根本圣典。对佛教徒来说，研读《阿含经》就有如亲闻佛陀的叮咛与教导一样，那种亲切的感觉是其他经典所没有的。到了近代，由于欧美佛教学者的研究考证，认定了《阿含经》在佛教中的价值，才引起日本与中国学者的注意。在《四阿含》当中（南传佛教有《五阿含》），学者们又公认北传的《杂阿含经》与南传的《相应阿含》是《阿含经》中最早集成的经典。说它是"佛教经典中的经典"也不为过。现存杂阿含有己利相应部、汉译《杂阿含经》五十卷、《别译杂阿含经》十六卷和一卷本杂阿含。在佛教传入中国后，从汉末到唐宋，都陆续有人对《杂阿含经》作了片段的翻译，而在这当中译文数量较多且广的，当推求那跋陀罗（394－468）五十卷译本。因此，本文以汉译《杂阿含经》那跋陀罗五十卷为研究对象。

目前还没有学者对《坐忘论》和《杂阿含经》中的"断缘"进行过比较研究。因此本文的主旨在于以追补前人所遗之缺憾，通过对比和分析《坐忘论》与《杂阿含经》中"断缘"的含义、目的、方法的异同，深度挖掘"断缘"在《坐忘论》与《杂阿含经》中的内涵，阐释《坐忘论》坐忘合道之道趣以及《杂阿含经》自觉涅槃的解脱方法，以考察初唐时期的重玄道学对佛教"断缘"观念的吸收。

一、《坐忘论》和《杂阿含经》"断缘"比较

（一）"断缘"含义对比

"断缘"就是断有为俗事，是道家坐忘修习的第二阶段。"断缘者，断有为俗事之缘也。"[①] 这里的"有为俗事"包括"或显德露能，求人保己；或遗问庆吊，以事往还；或假隐逸，情希升进；或酒食邀致，以望后恩"[②]。这里，"显德露能"即显露善德及才能者，欲以此能而所求于人来保护自己。"遗问庆吊"即专巡婚丧喜庆者，借此以结识尊贵而保持联络。"或假隐逸"即假行清高者，以此求名声地位的提升。"酒食邀致"即经常邀约酒食宴会者，借此来布恩而施惠于人。简单地讲，"缘"特指有为俗事，《坐忘论》的"断缘"就是指不参与显德露能、遗问庆吊、酒食邀致等一般俗事。目前国内学者对于"断缘"的解释情况大致如下：卢国龙认为《坐忘论》中的"断缘"就是断裂与世俗社会的联系[③]，将宗教生活与世俗生活看作截然对立的两方面[④]，以阐释重玄之道的宗趣。姜约认为"断缘"就是要弃

---

① 《坐忘论》，《道藏》第22册，北京：文物出版社；上海：上海书店；天津：天津古籍出版社1988版，第892页。
② 同上。
③ 卢国龙：《论司马承祯的道教思想——养气存形与坐忘合道》，《中国道教》1988年第3期，第30页。
④ 卢国龙、陈明：《司马承祯的自然人性论》，《东南文化》1994年第2期，第254页。

绝功利之心,其根本意思是要求修道者弃绝一切功利之心,以便无所牵挂地进入修炼状态①,是"坐忘"之道所必需的心理准备阶段。卿希泰认为"断缘"即断绝一切有为俗事之尘缘,不和人世交往②。由上可见,简单地讲,"断缘"就是指断绝有为俗事之尘缘。

在佛教典籍中,"因"常与"缘"并称,梵语为hetu-pratyaya。"因,指引生结果之直接内在原因;缘,指由外来相助之间接原因。"③简言之,即产生结果的一切原因总称为因缘。在《杂阿含经》卷第十二中表述为:"此有故彼有,此起故彼起。"④一切万有,一切存在皆因一定条件的组合聚散而生灭,彼依此而起,彼依此而灭,反之亦然。"有因有缘集世间,有因有缘世间集;有因有缘灭世间,有因有缘世间灭。"⑤世间万物因缘的聚集而出现,也会因缘的离散而消亡。"攀缘"是指留住四蕴。"攀缘四识住,何等为四?谓色识住,色攀缘、色爱乐,增进广大生长;于受、想、行识住,攀缘、爱乐,增进广大生长。"⑥四蕴包括色、受、想、行。本经是在讲:对四蕴攀缘的四识住,就是心识依住于色识住,攀缘着色、爱悦着色,不断地增进广大生长;还有对受、想、行等三蕴,心识也依住着它、攀缘着它,爱悦着它,不断地增进广大生长。"断缘"是指断攀缘心,也就能断除心识对物质现象的攀缘。"于色封滞意生缚断已,攀缘断;攀缘断已,识无住处,不复生长增广。受、想、行界离贪,离贪已,于行封滞意生触断;于行封滞意生触断已,攀缘断;攀缘断已,彼识无所住,不复生长增广。"⑦对色蕴要远离对它的贪欲。远离贪欲后,那么对色蕴执取的意念所生起的结缚就可断除。对色蕴执取的意念所生起的结缚断除后,对色蕴的攀缘也就断除了。攀缘断除后,这识蕴就没有可依住之处,也就不再生长扩大了。同样地,对受、想、行三蕴,也要远离对它的贪欲。远离贪欲后,那么意识对受、想、行三蕴执取的感触就可断除。意识对受、想、行三蕴执取的感触断除后,对这三蕴的攀缘也就断除了。攀缘断除后,那识蕴就没有可依住之处,也就不再生长扩大了。

关于"断缘",从"断"的程度对比,《坐忘论》中"断缘"的"断"是指不接触,完全隔离,"断"得更为严格。《杂阿含经》中"断缘"的"断"是可接触外境,顺应外境,并没有完全隔离,只是不执着而已。从"缘"的范围来看,《坐忘论》和《杂阿含经》中"缘"的含义都针对外界的境遇。但不同的是《坐忘论》中"断缘"是指断除、远离有为俗事,《杂阿含经》中"断缘"是指于诸世间外境都无所取、无所著。可见,《坐忘论》中"断缘"的"缘"针对世俗诸事,范围小;而《杂阿含经》中"断缘"的"缘"针对所有外境,范围更大。

---

① 姜约:《司马承祯〈坐忘论〉修道阶次思想研究》,《宗教学研究》2015年第2期,第47页。
② 卿希泰:《司马承祯的生平及其修道思想》,《宗教学研究》2003年第1期,第3页。
③ 邱高兴、费东佐:《原始佛教"因缘"义考察——以四〈阿含经〉为中心》,《吉林大学社会科学学报》2004年第4期,第27页。
④ (刘宋)求那跋陀罗译:《杂阿含经》,《大正新修大藏经》,vol. 12, CBETA, T02, no. 99:84。
⑤ 《杂阿含经》,《大正新修大藏经》,vol. 2, CBETA, T02, no. 99:12。
⑥ 《杂阿含经》,《大正新修大藏经》,vol. 3, CBETA, T02, no. 99:17。
⑦ 《杂阿含经》,《大正新修大藏经》,vol. 2, CBETA, T02, no. 99:9。

（二）"断缘"目的对比

《坐忘论》中"断缘"的目的是修道至圣，即修正自己行为的方式以成为神人、圣人。"至神至圣，孰不由此乎？"① 神人、圣人是道家的理想人格，《坐忘论》认为：只有通过"断缘"，远离俗事，才能成为神人、圣人。由此可见，《坐忘论》中"断缘"的目的就是达到道教的理想人格。

《杂阿含经》中"断缘"目的是涅槃离苦，达到不再流转于生死轮回中的境界。"自觉涅槃：我生已尽，梵行已立，所作已作，自知不受后有。"② 觉证涅槃境界：我再生的因素已灭尽，清净的梵行已建立，所应做的事已做好，自己知道此生是最后身，不再流转于生死轮回中。"无所著者，自得涅槃。"③ 无所执着，才能脱离烦恼，自得涅槃。"攀缘亦断……无所取故无所著，无所著故自觉涅槃。"④ 这里是讲通过"断攀缘"断去对缘的留住和贪着，才能自觉涅槃。"攀缘亦断……于诸世间都无所取、无所著；无所取、无所著已，自觉涅槃。"⑤ 此句亦是说攀缘断了，才能断了对世间的所著、所取；对世间的所著、所取断了，才能自觉涅槃，不再流转于生死轮回中。

对比二者，《坐忘论》和《杂阿含经》中"断缘"目的都是追求自家的最高境界：《坐忘论》中"断缘"的目的是达到道教的理想人格，成为神人、圣人，与道教中羽化登仙成为神人的终极追求相符合；《杂阿含经》中"断缘"目的是自觉涅槃而脱离苦恼，与佛教终极追求是一致的，由此可见道教和佛教宗教观的不同本质追求。

（三）"断缘"方法对比

《坐忘论》中"断缘"的方法是"塞闭弃事"。"经云：塞其兑，闭其门，终身不勤。"⑥ 此句引于《道德经》第52章："天下有始，以为天下母。既得其母，以知其子；既知其子，复守其母，没身不殆。塞其兑，闭其门，终身不勤。开其兑，济其事。"⑦ "塞兑闭门"是指关闭与外界接触的通道和门户。如果关闭与外界的通道，则永远不受苦困⑧。与之相反，"开其兑，济其事，终身不救"⑨。如果打开与外界接触的通道，接触外界事物，则受苦困，永远无可救药了。"弃事则形不劳，无为则心自安。"⑩ 本句的"弃事"和"无为"都是指远离有为俗事。远离这些事情后，形体才不觉劳累，内心才安定。"无事安闲，方可修道。"⑪《坐忘论》认为外

---

① 《坐忘论》，《道藏》第22册，北京：文物出版社，上海：上海书店，天津：天津古籍出版社1988年版，第892页。
② 《杂阿含经》，《大正新修大藏经》，vol. 2, CBETA, T02, no. 99: 9。
③ 《杂阿含经》，《大正新修大藏经》，vol. 1, CBETA, T02, no. 99: 7。
④ 《杂阿含经》，《大正新修大藏经》，vol. 3, CBETA, T02, no. 99: 17。
⑤ 《杂阿含经》，《大正新修大藏经》，vol. 2, CBETA, T02, no. 99: 9。
⑥ 《坐忘论》，《道藏》第22册，第892页。
⑦ 《道德真经注》，《道藏》第12册，第285页。
⑧ 陈鼓应：《老子今注今译》，北京：商务印书馆2003年版，第265页。
⑨ 《坐忘论》，《道藏》第22册，第892页。
⑩ 同上。
⑪ 同上。

无事而内心安定，才能修道，因为有为俗事与道是截然对立的："恬简日就，尘累日薄，迹弥远俗，心弥近道。"① 恬淡无为越多，世俗事务的牵累就会越少，与俗事越远，与道就越近。

《杂阿含经》中"断缘"的方法是"断攀缘离贪"。"攀缘四识住，何等为四？谓色识住，色攀缘、色爱乐，增进广大生长……于受、想、行识住，攀缘、爱乐，增进广大生长。"② 这里的"攀缘"指留住、依住外境，从而使四蕴（色、受、想、行）有所有住，则四蕴增大聚集。只有断缘离贪，才能远离执着："攀缘断已，识无住处，不复生长增广。受、想、行界离贪，离贪已，于行封滞意生触断；于行封滞意生触断已，攀缘断；攀缘断已，彼识无所住，不复生长增广。"③ 只有断了攀缘，识无所住之处，则不再增大聚集。只有远离受、想、行的贪爱、执着，识无所住之处，则不再增大聚集。"识攀缘亦断，识不复住，无复增进广大生长。"④ 意思是说如果断除心识对物质现象的攀缘，心识不再依住于物质现象，蕴不再增进广大生长了。"受、想、行界离贪已，于受、想、行意生缚亦断。"⑤ 只有对四蕴的贪欲断了，也就能断除四蕴所生起的结缚烦恼。"受、想、行意生缚断已，攀缘亦断，识无所住，无复增进广大生长。"⑥ 四蕴（色、受、想、行）的缚著断了，攀缘就断了，那么识就没有所住之处，则不再增大聚集。

比较二者，《坐忘论》和《杂阿含经》中的"断缘"方法都是指对外部世界的应对方法。但《坐忘论》中的"塞兑闭门""弃事"的断缘方法，是道教中"无为"观念的体现；而《杂阿含经》中的"断缘"是佛教知足观的体现。可见《坐忘论》中的"断缘"更倾向于对外部世界的隔离，而《杂阿含经》中的"断缘"更倾向于断除内心世界对外部世界的依恋，即远离受、想、行的贪爱。

二、《坐忘论》和《杂阿含经》"断缘"阐发

（一）《坐忘论》"断缘"阐发

无为。无为包括无为谋府、事任、知主。《坐忘论》中"又云：无为谋府，无为事任，无为知主"⑦。此句引自《庄子·应帝王》"无为名尸，无为谋府，无为事任，无为知主。体尽无穷，而游无朕。尽其所受乎天，而无见得，亦虚而已"⑧。"无为谋府，无为事任，无为

---

① 《坐忘论》，《道藏》第 22 册，第 892 页。
② 《杂阿含经》，《大正新修大藏经》，vol. 2, CBETA，T02, no. 99：9。
③ 同上。
④ 《杂阿含经》，《大正新修大藏经》，vol. 3, CBETA，T02, no. 99：17。
⑤ 同上。
⑥ 同上。
⑦ 《坐忘论》，《道藏》第 22 册，第 892 页。
⑧ 《南华真经》，《道藏》第 11 册，第 580 页。

知主"是指不要成为谋略的场所,不要成为世事的负担,不要成为智慧的主宰①。简单地说就是不被谋略、世事、智慧所系缚,从而达到无为境界。

不将不迎。"不将不迎,无为交俗之情。"② 此句也是引自《庄子·应帝王》"至人之用心若镜,不将不迎,应而不藏,故能胜物而不伤"③。"不将不迎"是指不去主动附和别人,也不接事待物,并且不跟俗事有牵扯。"我但不唱,彼自不和;彼虽有唱,我不和之。"④ 如果我不主动唱,别人自然不会迎合;若别人唱了,但我不相附和,便是断除新旧之缘。"旧缘渐断,新缘莫结。"⑤ 旧的俗缘渐渐断除,新的俗缘也不交结。"醴交势合,自致日疎。"⑥ 而酒肉权势名利相交之人,也会慢慢地疏远。"既非顺道,深妨正业。凡此类例,皆应绝之。"⑦ 这是说远离以上这些不为正业的有为俗事,才能真正修道。

不得已而行。"若事有不可废者,不得已而行之,勿遂生爱,系心为业。"⑧ 但如果有不得已而为的事情,虽有所作为,但不可贪爱、牵挂。譬如衣食,《坐忘论·真观》也说:"然于修道之身,必资于衣食,事有不可废,物有不可弃者,当该虚襟而受之,明目而当之,勿以为妨,心生烦躁。"⑨ 若遇有不得已而为的事情,例如衣食,可应物无心,摒弃智虑机心,不为外事所扰⑩。

(二)《杂阿含经》"断缘"阐发

攀缘。"受缘爱"有苦乐感受就会产生贪爱,"缘受爱者,彼云何为爱?谓三爱——欲爱、色爱、无色爱"⑪。对于被感受的境界产生爱喜。境界分为欲界、色界、无色界,相应产生三种爱喜,因此引发种种烦恼,产生种种造作。"爱缘取"中的"取"是对外界的执着,"缘爱取者,云何为取?四取——欲取、见取、戒取、我取"⑫。取分为四种。欲取:是由于欲望而产生,是对可爱之物的希求。见取:是对于世间知见、思想的贪爱,对于知识的追求。戒取:是对于戒律的执着贪爱,偏执的认为持守某些戒律可以解脱。我取:是对于"我"的贪爱,进而产生执着的行为。"取缘有"产生善恶业,"缘取有者,云何为有?三有——欲有、色有、无色有"⑬。"有"指业有即业力,是人的思想行为,有思想行为进而产生善恶业。分为"三有":欲有,即在欲界产生的业报;色有,即色界的业报;无色有,即

---

① 陈鼓应:《庄子今注今译》,北京:商务印书馆2012年版,第264页。
② 《坐忘论》,《道藏》第22册,第892页。
③ 《南华真经》,《道藏》第11册,第580页。
④ 《坐忘论》,《道藏》第22册,第892页。
⑤ 同上。
⑥ 同上。
⑦ 同上。
⑧ 《坐忘论》,《道藏》第22册,第892页。
⑨ 同上。
⑩ 卢国龙:《论司马承祯的道教思想——养气存形与坐忘合道》,《中国道教》1988年第3期,第30页。
⑪ 《杂阿含经》,《大正新修大藏经》, vol. 12, CBETA, T02, no. 99:85。
⑫ 同上。
⑬ 同上。

是无色界的业报。身、口、意是"有"产生的根源。"有"又作为业种存在心识中，在未来又能令再生的识得到滋养，因此是来世果报的原因。

系故有恼。《杂阿含经》认为，痛苦形成的原因就是"攀缘"。"染着故系，系故有恼。"① 对世间有所著、所取，众生贪着，就会被它所系缚，所以就会有苦恼。"攀缘四识住，何等为四？谓色识住，色攀缘、色爱乐，增进广大生长。"② 是说攀缘指留住、依住外境，使色、受、想、行四蕴有所有住，则四蕴增大聚集。而众人"攀缘"的原因就是贪着外境相随的快乐，"以色非一向是苦、非乐，随乐，乐所长养，不离乐，是故众生于色染着"③。正是因为外境的物质现象与快乐相随，所以众生才会贪着。但现实是万物不停变化，继而期望和现实冲突，从而造成痛苦。"一色无常，若因、若缘生诸色者，彼亦无常。"④ 这里"色"是指外境。因缘无常变化，所以因缘所生外境也无常变化。"无常因、无常缘所生诸色，云何有常？如是受、想、行、识无常……色无常，受、想、行、识无常。"⑤ 因缘所生外境也无常变化，受、想、行、识也无常变化。但世人万物的不停变化，希望留住于生，不愿死；留住于兴旺，不愿衰败；留住于爱乐，不愿爱消逝，这些都是痛苦之源。可以说，痛苦即主观愿望与严酷现实之间的冲突，即发现自己够不着能满足欲望的东西，这个世界总不能如己之愿。简单地说，对变化无常的缘、变化无常的外境执着是产生苦恼的根源。

攀缘断。唯有断"攀缘"，断了对四蕴相随的快乐的贪着或染着，才能不被系缚，从而解决人生苦恼。"于色封滞意生缚断已，攀缘断；攀缘断已……攀缘断。"⑥ 是指断除、远离对色、意的执着。只能断去对缘的攀着，对色的留住和染取，对色、受、想、行贪着。"识无所住故不增长，不增长故无所为作，无所为作故则住，住故知足。"⑦ 心识因无所依住，所以不再增长；因不再增长，所以就不会有所造作；才能保持常住，所以就能知足。这样一来，四蕴不来依住，则四蕴不可增长，则获得自在解脱。"攀缘断已，彼识无所住，不复生长增广。不生长故，不作行；不作行已住；住已知足；知足已解脱。"⑧ 攀缘断，心识因无所依住，所以不再增长，就不会有所造作，保持常住而知足。"离色界贪已，于色意生缚亦断；于色意生缚断已，识攀缘亦断，识不复住，无复增进广大生长。受、想、行界离贪已，于受、想、行意生缚亦断；受、想、行意生缚断已，攀缘亦断，识无所住，无复增进广大生

---

① 《杂阿含经》，《大正新修大藏经》，vol. 3，CBETA，T02，no. 99：21。
② 同上书，no. 99：17。
③ 同上。
④ 《杂阿含经》，《大正新修大藏经》，vol. 1，CBETA，T02，no. 99：2。
⑤ 《杂阿含经》，《大正新修大藏经》，vol. 3，CBETA，T02，no. 99：17。
⑥ 《杂阿含经》，《大正新修大藏经》，vol. 2，CBETA，T02，no. 99：9。
⑦ 《杂阿含经》，《大正新修大藏经》，vol. 3，CBETA，T02，no. 99：17。
⑧ 《杂阿含经》，《大正新修大藏经》，vol. 2，CBETA，T02，no. 99：9。

长。"① 断除对色的贪欲后,也就能断除对色所生起的结缚烦恼,也就能断除心识对色的攀缘,心识不再依住于色,也不再如此地增进广大生长了。同样地,厌离对受、想、行的贪欲后,也就能断除对受、想、行所生起的结缚烦恼了,也就能断除心识对它的攀缘,这时心识无所依住,也不再增进广大生长了。

知足解脱。唯有知足,才能解脱事物的束缚,自觉涅槃。"知足故解脱,解脱故于诸世间都无所取,无所取故无所著,无所著故自觉涅槃:我生已尽,梵行已立,所作已作,自知不受后有。"② 因能知足,就能解脱事物的束缚,所以对于一切世间的事物都能无所执取,所以就能无所贪着;因能无所贪着,所以就能自己觉证涅槃:我再生的因素已灭尽,清净的梵行已建立,所应做的事已做好,自己知道此生是最后身,不再流转于生死轮回中了。

(三)"断缘"对比阐发

《杂阿含经》中的"断缘"断的是对"缘"的执着。只要对外部世界有直接接触,就不可能断"缘",只是不贪着,不执着。因为人本四蕴形成,已在轮回之中,即所谓"后众生有垢"③。"垢"就是人的此生是因为上生未尽,四蕴聚集,才形成人的此世。因此,从人出生的那一刻起,人就在缘中,就在苦中,也就不可能断"缘"。因此,《杂阿含经》断的不是"缘",断的是对"缘"的攀着。《坐忘论》中的"断缘"强调对外部世界直接不接触,对有为俗事远离,弃事无为。可见其虽借用了佛教"断缘"这个词,但与佛教"断缘"意义是完全不同的。从《坐忘论》来看,其对佛教"断缘"的吸收是借用"断缘"一词,但又不愿落于"佛套",始终围绕无为观念以阐释,发老庄幽奥。

三、结语

《坐忘论》中的"断缘"是关闭与外界接触的通道和门户,而《杂阿含经》中的"断缘"是指不贪着于外境,于诸世间事物无所取,无所著。虽二者都是针对外境——世间事物而言,但《坐忘论》强调直接不与外境相接触,而《杂阿含经》强调人本在缘中,不可断,唯可断除对缘的攀着。且二者"断缘"目的不同:前者是为修道以成神人、圣人,后者是为自觉涅槃而脱离苦海。因此《坐忘论》和《杂阿含经》中的"断缘"方法也不一样:其中一种是关闭与外界的通道,弃事无为;另一种是断除对缘的攀着,断除对色、受、想、行的执着。前者强调不将不迎、无为谋府、事任、知主,后者强调不贪知足。总之,虽都是断缘,但其含义、方法和目的都不同。由此可见,《坐忘论》只是借用了佛教的用语,其内涵与佛教是完全不同的。

---

① 《杂阿含经》,《大正新修大藏经》,vol. 3, CBETA, T02, no. 99:21。
② 同上。
③ 同上。

浅探中华传统文化中的健康思想
——以《清静经》的文本解读为中心

范佩佩*

内容提要：中华传统文化中的健康思想源远流长。《清静经》作为探讨身心修养主题的代表性经典，其中的健康思想值得我们关注。本文通过对"健康"内涵的梳理，分别从健康之状态、健康之路径、健康之诀要三个层面来分析《清静经》文本中蕴含的健康思想，并将其归纳为"静""心""应"三个层次。"静"乃身心平衡之状态，"心"是实现身心平衡状态之关键，"应"为随时调整至身心平衡状态之诀要。身至清，心至静，身心清静也就达到了身心平衡的状态，即可谓健康。从《清静经》文本出发，探寻中华传统文化中的健康思想，或对现代人的健康观念有所启发。

关键词：传统文化　健康思想　《清静经》　文本解读

身心健康是个人生存发展的前提。从某种角度来说，无论是儒家修齐治平的理想，还是佛教四大皆空、涅槃寂静的境界，都是基于身心修养上的。至于以"长生久视"为人生理想的道教，则更是关注身心问题。我们只要研读道教典籍，就会发现其中蕴含着大量关于身心修养的文化资源。例如，作为《玄门日诵早晚功课经》之首的《清静经》①，就深入探讨了身心修养的方法、境界等问题。

《清静经》全称《太上老君说常清静妙经》②，见《道藏》洞神部本文类，伤字号。该经虽篇幅较短，仅三百余字，但义理玄妙精深，为历代高道所重视。《道藏提要》言："是书以

---

* 范佩佩，四川大学道教与宗教文化研究所硕士研究生，主要研究方向为道教历史与文化。
① 闵智亭主编：《玄门日诵早晚功课经注》，北京：宗教文化出版社 2000 年版，第 40−65 页。
② 此为白文本，见《道藏》第 11 册，北京：文物出版社，上海：上海书店，天津：天津古籍出版社 1988 年版，第 344 页。

'清静'为宗,以'澄心遣欲'为本。"① 朱越利(1944-)先生认为,《清静经》是发挥《老子》之旨,劝人遣欲观空,以清神静心,悟道入真的一部经典②。《清静经》作为道家探索身心修养问题的代表性经典,其中的健康思想值得我们关注。本文试图在梳理"健康"一词的内涵后,从《清静经》文本出发,分别从健康之状态、健康之路径、健康之诀要三个层面探讨中华传统文化中的健康思想。不妥之处,祈方家指正。

一、"健康"内涵辨析

"健康"一词内涵甚丰。从字面上讲,"健康"原本是两个字,即"健"与"康"。"健"是形声字,小篆从人,建声。其本义为强壮有力、有活力。健者,《说文》言:"伉也。"③《增韵》云:"强有力也。"④《易·乾》载:"天行健,君子以自强不息。"⑤"健"用于不同语境时具有不同的含义:其作形容词时,指具有活力的、强壮的,比如健将、康健等;作副词时,表示善于、易于,比如健忘、健谈等;作动词时,表示使强壮,比如健身、健胃等;还可作名词,姓"健"⑥。

"康"是指事字,甲骨文字形为 ,从庚(摇铃),下边四点象征摇铃发出的乐声,表示正在演奏乐铃。康者,《尔雅·释诂》云:"乐也。"⑦《诗·唐风》曰:"无已大康。"⑧ 又《尔雅·释诂》云:"康,安也。"⑨《尔雅·释宫》载:"五达谓之康,六达谓之庄。"⑩《释名》云:"康,昌也,昌盛也,车步并列用之,言充盛也。"⑪《谥法》载:"渊源流通曰康,温柔好乐曰康,令民安乐曰康。"⑫《说文解字注》有云:"穅或省作康。"⑬ 又云:"'穅'者,谷之皮也。今人谓已脱于米者为穅,古人不尔。穅之言空也。空其中以含米也,凡康宁、康乐皆本义空中之引申。"⑭ 由此可知,在古汉语中,"康"之本义或为"空",由"空"而衍生出"康宁""康乐"等义。在现代汉语中,"康"作形容词,主要有三层意思:一是指平安

---

① 任继愈、钟肇鹏主编:《道藏提要》,北京:中国社会科学出版社1995年版,第447页。
② 朱越利:《道藏分类解题》,北京:华夏出版社199经年版,第286页。
③ 《康熙字典》,上海:世界书局1936年版,第18页。
④ 同上。
⑤ 同上。
⑥ 龚学胜主编:《商务国际现代汉语大词典》,北京:商务印书馆国际有限公司2015年版,第683页。
⑦ 《康熙字典》,第133页。
⑧ 同上。
⑨ 同上。
⑩ 同上。
⑪ 同上。
⑫ 同上。
⑬ (汉)许慎撰,(清)段玉裁注:《说文解字注》,上海:上海古籍出版社1988年版,第324页。
⑭ 同上。

的、安定的，如康宁、安康；二是指身体强健的，如康强、康乐、健康；三是指丰足的、富裕的，如康年、国富民康。"康"作名词时表示良好的经济状况，此外，"康"还可作姓①。

魏晋以前，健康二字常常分开使用，后作为一个词组，分别取"健"之本义与"康"之引申义，表示身体强健有力，安康喜乐。这一用法较早见于两晋时期的文献中。如《摩诃僧祇律》有云："出家之人宜应康健。"② 又云："康健贤善好，手足皆无病。举体诸身分，无有病苦处。"③ 后世中医古籍里，也多以"康健"指代身体健康④。如宋陈文中（？－1236）《陈氏小儿病源方论》曰："脾为黄婆，胃为金翁，主养五脏六腑。若脾胃全固则津液通行，气血流转，使表里冲和，一身康健。"⑤ 元朱震亨（1281－1358）《丹溪先生心法》卷二载："夫人之生也，禀天地氤氲之气，在乎保养真元，固守根本，则万病不生，四体康健。若曰不养真元，不固根本，疾病由是生焉。且真元根本，则气血精液也。"⑥ 值得注意的是，"健康"一词，用于表示身体安好强健之意，始见于明杨士奇（1366－1444）《东里续集·晏太守重庆堂诗》，其文曰："家居重庆。郡堂奉重庆，欢堂中二亲。大母、母白发如银，身健康。大母行年九十三，母也今年七十五。"⑦ 由此可知，在中国传统文化中，"健康"或者"康健"多与身体状态有关，意指身体机能正常，没有缺陷和疾病。

随着社会的发展，人们对"健康"的理解和认识也越来越丰富深刻。"健康"的内涵也逐渐从单维的生理层面发展为生理、心理、社会等多维层面。"健康"也就不仅仅只是某一阶段、某一部位的状态，而是伴随着个体生命整个发展变化过程的一种运动状态。关于"健康"的解释，也进一步衍变为："（人体）发育良好，机理正常，有健全的心理和社会适应能力。"⑧ 我们采用这一解释，主要从健康的状态，实现健康的路径，维持健康的诀要等三个层面，从《清静经》文本出发，探讨中华传统文化中蕴含的健康思想及其当代价值。借此反思现代人的生活方式，以期寻求保持健康之途径。

二、健康之状态——"清静"之"静"

在厘清"健康"一词的含义与语境之后，我们势必要再追问一下，人们追求的"健康"到底是怎样的一种状态？具体情状如何？关于这个问题，《黄帝内经·素问》有着较为详细

---

① 龚学胜主编：《商务国际现代汉语大词典》，第782页。
② 《大正新修大藏经》第22册，台北：佛陀教育基金会1990年版，第418页。
③ 同上书，第500页。
④ 关于"康健"一词在中医古籍中的记载，详见程雅君：《论道家道教健康模式》，《四川大学学报（哲学社会科学版）》2013年第4期，第103－112页。本文略举二例，以作补充。
⑤ （宋）陈文中：《陈氏小儿病源、痘疹方论》，北京：商务印书馆1958年版，第6页。
⑥ （元）朱震亨撰，王英等整理：《丹溪心法》，北京：人民卫生出版社2005年版，第92页。
⑦ （明）杨士奇：《东里续集》，《文渊阁四库全书》第1239册，台北：台湾商务印书馆1986年版，第454页。
⑧ 中国社会科学院语言研究所词典编辑室编：《现代汉语词典》，北京：商务印书馆2016年版，第642页。

的描述：

> 夫上古圣人之教下也，皆谓之虚邪贼风，避之有时，恬淡虚无，真气从之，精神内守，病安从来？是以志闲而少欲，心安而不惧，形劳而不倦。气从以顺，各从其欲，皆得所愿。故美其食，任其服，乐其俗，高下不相慕，其民故曰朴……是以嗜欲不能劳其目，淫邪不能惑其心。愚智贤不肖，不惧于物，故合于道。所以能年皆度百岁，而动作不衰者，以其德全不危也。①

此段言上古之人皆能终其天年、度百岁乃去的原因，便在于"合道"，即不违背养生之道。具体说来，一是"恬淡虚无"，即静也。道本清静，养生亦法道而行。二是"不惧于物"，即"不攫于物"也。心神不为外物所摄，不为纷杂外物所惑，故能神不散、心不乱，也就能安定，安定为静。可知，无论是从"健康"字面意义来说，还是从中华传统养生之道来看，"健康"都召唤着"清静"，只有"清静"才能健康。

正如前文所述，"健康"召唤着"清静"，"健康"的状态乃是"静"的状态，那么"静"之为何？何为"真静"？关于"清静"的注释，唐杜光庭（850—933）注云："清者，元也。静者，气也。"② 这是从元气论的角度来谈"清静"之意。元王玠注曰："清者，至虚无体也。静者，至洁无杂也。"③ 这是从丹道炼养的角度论述"清静"之意。元王元晖注谓："常清静者，虚无大道，自然生成，三才万物，古犹今同也。"④ 此言所谓"常"者，古今犹同，能"常清静者"，与道合真，不随时空变化而有所增减。《清静经》云："欲既不生，即是真静。"⑤ 意思是说，欲念既然不生，就是真正清静。元李道纯注曰："所谓真静，非不动也。若以不动为静，则是有定体也，有定体则不足以应万变。"⑥ 这是从动静的辩证关系来看待"静"的状态。上阳处士注说："真而不变，静而不纷，即谓真静。"⑦ 此言主要强调"真静"不随时空转换而有所变化，是一种心定而安的状态。汶水居士（？）注云："克己纯熟，私欲尽净，方符真静之旨也。"⑧ 这是从明心见性的角度来看待"真静"之状态，即欲遣心澄方为"真静"。

其实，就"静"的字面意义来说，静者，"寀也，从青，争声"⑨。静由"青"和"争"

---

① 张志聪：《黄帝内经集注》，北京：中医古籍出版社2015年版，第2页。
② （唐）杜光庭：《太上老君说常清静经注》，《道藏》第17册，第182页。
③ （元）王玠：《太上老君说常清静妙经纂图解注》，《道藏》第17册，第195页。
④ （元）王元晖：《太上老君说常清静经注》，《道藏》第17册，第166页。
⑤ 《太上老君说常清静妙经》，《道藏》第11册，第344页。
⑥ （元）李道纯：《太上老君说常清静经注》，《道藏》第17册，第142页。
⑦ 上阳处士：《太上清静经》，陶秉福主编：《道书一贯》，北京：同心出版社1994年版，第893页。
⑧ 汶水居士：《清静经原旨》，《藏外道书》第3册，成都：巴蜀书社1992年版，第760页。
⑨ （汉）许慎撰，（清）段玉裁注：《说文解字注》，第215页。

构成：青者，"东方色也"①；争者，"引也"②。"静"乃于粉白黛黑中青之引出也，亦即"青"与众色相争而显现出来，这本就是一个富有动态意义的符号。可见"静"确非不动也。

《清静经》云："清者浊之源，动者静之基。"关于"清者浊之源"，历来争议不多，大多以"炁化"论来解释，"清"为先天之炁，"浊"为万物之形，"清"为本，"浊"为末，故云"清者浊之源"。而关于"动者静之基"的解释，则历来聚讼纷纭，总的来看主要有三种：(1) 认为文本当为"静者动之基"。大多从体用关系来解释，静者为体，动者为用，故云"静者动之基"；从形神关系来看，动者为神，静者为形，人神以形为舍，舍为基本也，故云"静者动之基"。(2) 从丹道炼养的角度来解释"动者静之基"。丹道以无为为静，有为为动，修炼是从后天返先天，也就是说，炼丹从有为立基，故云"动者静之基"。(3) 认为文本应为"动者静之基，静者动之基"。之所以在文中只出现了"动者静之基"，是因为省略了一句，又或是提醒读者思考，但实际所指动静互为基础，动静皆在太极之中。也就是说，动极则静，静极则动。正如阳极生阴，阴极生阳。动静阴阳，返复变迁。

"清静"之"静"是一种身心平衡的状态。从身体上来说，"静"之状态，是动静有时。进一步来说，则是需要劳逸结合，也就是形劳不倦的状态。从心理状态上来说，"静"之状态，不是心如死水、杂念全无的死寂，而是不偏执、不走极端，也即寡思少虑的状态。从身心关系上来说，"静"之状态，是身心和谐的状态，不伪饰以掩不足，心之所向，身之所行，乃为身心一致。清黄元御（1705－1758）注云：

> 是以志闲而少嗜欲，心安而不恐惧，形劳而不倦乏，气从而顺，各从其欲，上下俱足，皆得所愿。故美其食不择精粗，任其服不论善恶，乐其俗不争荣辱，高下不相倾慕，其民故曰浑朴。③

上古之人，其民浑朴，少机心，故能得"静"。"静"而身心和谐，故生活的幸福感也远高于现代人，也就比现代人更容易保持健康的状态，从而"尽天年"。

简而言之，从生理机能的角度来说，健康的状态意味着气血冲和，也就是说气血处于"静"的状态。当人体的气血不平乃至气血翻涌时，身体必然已经受损。气血的运行状态也会影响个体的心理状态。当个体的气血运行不畅时，多会引发情志类的疾病，诸如抑郁、躁郁等。从心理状态的角度来说，健康的状态意味着内心平静，情绪稳定。当人处于应激状态，情绪波动极大时也会影响气血的运行。从西方心理学的视野来看，心理失常会引发生理

---

① （汉）许慎撰，（清）段玉裁注：《说文解字注》，第215页。
② 同上书，第160页。
③ （清）黄元御：《黄元御医书全集》，北京：中医古籍出版社2016年版，第5页。

反应，从而造成身心失调①。就中国传统医学的理论来说，人的体质与性格息息相关②。可见，身心合一，形神俱备，正是个体健康的基础所在。

三、健康之路径——"清静"之"心"

在现实生活中，当人们开始重视健康之时，往往可能已经出现健康问题了。当身体健康出现状况时，随之而来的困扰自然便是如何恢复健康。当今社会中形形色色的各种养生方法，如导引、食疗等，虽说都是打着"健康"的旗号，但仅仅凭借这些"养生手段"，能否真的让人达到身心平衡，我们尚且存疑。《庄子·刻意》云："吹呴呼吸，吐故纳新，熊经鸟申，为寿而已矣。此导引之士、养形之人，彭祖寿考者之所好也。"此言意在指出这些养生方法虽有延年之功，但未免刻意造作，其倡导的是"不导引而寿"，认为养生莫过于养神，养神乃天之道也。朱越利先生将《清静经》及其四个注本归为医药卫生类，并将其作为精神疗法的一种，从修心的角度提示了恢复健康的方法③。《清静经》云：

> 夫人神好清而心扰之，人心好静而欲牵之。常能遣其欲而心自静，澄其心而神自清，自然六欲不生，三毒消灭……所以不能者，为心未澄、欲未遣也。能遣之者，内观其心，心无其心；外观其形，形无其形；远观其物，物无其物。三者既悟，唯见于空……观空亦空，空无所空。所空既无，无无亦无。无无既无，湛然常寂。寂无所寂，欲岂能生？欲既不生，即是真静。④

此段大意是人本来是神清心静的状态，只是在物欲流转中，妄心顿生，故而神迷心乱，徒生烦恼。那么如何回归清静状态呢？澄心遣欲也。能"澄心遣欲"者，"内观其心，心无其心；外观其形，形无其形；远观其物，物无其物"。也就是说，这样的人，能内忘其心，即无我；外忘其形，即无身；远忘其物，即无物。无我，便不执于己见；无身，便不会神为形所役，心为身所累；无物，便能从纷繁的物欲中脱离出来，不会过分追求酒色名利等外物。这是从"能遣之者"（已经回归清静状态的人）的角度进行论述的。那么真正修心之次第应该是怎样的呢？其进阶次序应是忘物、忘形、忘心。此"三忘"的难度是逐次递增的。故初学者当从"忘物"入手，以入道也。若能悟得物、形、心三者皆空，便能不生妄心私欲，便能重获清静，也就是恢复健康状态。

---

① 莱希著，吴庆麟等译：《心理学导论》，上海：上海人民出版社2010年版，第507—533页。
② 张志聪：《黄帝内经集注》，第804—805页。
③ 在《道藏分类解题》中，朱越利先生将"精神疗法"细分为守一、存神、修心三类，在"修心"一类中共收入了45部道教经典，其中《清静经》及其注本就有5部。由此可见《清静经》在"精神疗法"中所占据的重要地位。
④ 《太上老君说常清静妙经》，《道藏》第11册，第344页。

又云：

> 众生所以不得真道者，为有妄心。既有妄心，即惊其神。既惊其神，即著万物。既著万物，既生贪求。既生贪求，即是烦恼。烦恼妄想，忧苦身心，便遭浊辱，流浪生死，常沉苦海，永失真道。①

前文从正面论述了重返清静状态的路径，这里又从反面说明了不能重返清静状态的原因。其大意是不得清静之人，是因为他们生有妄心。妄心顿起，就会使"神"不清；心神纷扰，便会执著外物；执著外物，便会心生贪求；求之不得，便会有各种烦恼、妄念，身心便不得清静，为忧愁困苦所扰。总而言之，不得清静者，就是心未能澄、欲未能遣也。诚如《太上说九幽拔罪心印妙经》所言：

> 如是众生，受诸恶业，皆由自心，妄想颠倒，不悟无为，一切罪根，皆从心起，天堂快乐，自由心生，三界沉沦，亦从心起。心生邪见，妄起念嗔，心生惑乱，存念非真，心怀杀害，受诸类身，心生谄曲，与道无因，心生虚寂，与道相亲。②

一切烦恼皆从心起，而虚寂清静也能自心而生，故而修心是向道的重要途径。《清静经》的健康思想主要在于：一方面，它劝导人们重视身心的统一，并通过积极的心性修养来使个体保持身心的健康；另一方面，当人们落入扭曲或者说不协调的身心状态时，它又引导个体从对外物的迷狂中转向对生命本身意义的思索，促进个体重返身心的平衡。可以说，《清静经》具有良好的心理调适功能。从"健康"的实现路径来说，静心以养神，养神以全德，德备而形全，此为养生之道也。

在中华传统文化中，不乏对"身—心""形—神"这两对范畴的探讨。《清静经》云："清者浊之源，动者静之基。"③ 身体为有形之物，为浊；心理为无形之物，为清。可见应是"心"为本，"身"为末。对健康之状态进行描述之后，我们可以确定实现健康的路径，即实现"心"之清静。"心"若能静下来，气血便能逐渐恢复、逐渐平顺，生理机能便能正常运行。那么，如何实现"心"之清静呢？《清静经》载："常能遣其欲而心自静，澄其心而神自清。"④ 简单来说，就是"澄心遣欲"。"澄心遣欲"的目的或者说结果是"静"，但无论是"澄"，还是"遣"，皆为"动"，故言"动者静之基"。此处的"静"为目的，"动"为手段。从另一个角度来说，要想重获"心"之清静，首先需要体察出"心"之浊动，明白欲望为何

---

① 《太上老君说常清静妙经》，《道藏》第11册，第344页。
② 《太上说九幽拔罪心印妙经》，《道藏》第2册，第42页。
③ 《太上老君说常清静妙经》，《道藏》第11册，第344页。
④ 同上。

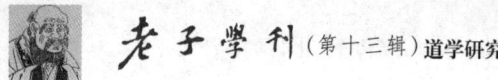

所引，心猿意欲何方，方能有的放矢，从而"唯见于空"，最终实现"心"之"真静"，此为实现健康的路径。

四、健康之诀要——"清静"之"应"

"心"之清静不是一蹴而就的，清静之"心"亦不是永无变化的。故《清静经》云："常能遣其欲而心自静，澄其心而神自清。"① 意思是说，人若能经常澄心遣欲，心神自然清静。可见修心之路，欲要常遣，心要常清，方能获得长久的清静。这就犹如明镜，须得常拭，才能常净。质言之，只有经常澄心遣欲，才能恒常清静，前一个"常"是手段，后一个"常"是目的。正如道教修炼之理想是长生久视，人们追求"健康"的理想便是能保持健康，亦即实现健康之"常"。那么在纷繁复杂的现实生活中，如何才能实现健康之"常"呢？又如何才能实现"清静"之"常"呢？

《清静经》云："真常应物，真常得性。常应常静，常清静矣。"② 其旨在以清静之心应万物之变，虽然物物流转，但此心不变，便能实现恒常之清静。唐杜光庭注云："道也本清静，常应而无所不应，随方而无所不静，故云常清静矣。"③ 金侯善渊（?）注云："常应者，见物见心，见心离物，离物明空，故曰真常得性矣。"④ 元李道纯注云："所以真常应物真常得性者，动而应物而真体不动也。作如是见者，常应常静，常清静矣。"⑤ 可见实现"清静"之"常"乃在于"应"，常"应"而能常"清静"。这里也就呈现出了动静的辩证关系。"应"乃一种动态，与"静"相对。以不变之道体应对不歇之变化，虽动乃静也。《庄子·齐物论》云："枢始得其环中，以应无穷。"⑥ 所谓环者，周圆中空也。世事流转，个体所处环境也非一成不变。若以世事为环，得其中空，则虽世事流转，自有应对之策，以"清静"之"心"应之也。

"清静"之"应"所展现的健康之理想，在于它并不是以一种消极遁世的方式去逃避万物的流转，或者说去遁离纷繁复杂的现实世界。它亦不是倡导人们在物欲横流的滚滚红尘中随波逐流，而是以一种冷静理性的目光，去看待世间万象。《清静经》的健康思想在于指导人们更好地去应对世间生活，与外物接触，但又进退有度，应物而不物于物。这里的"物"并不仅仅指物品，而是指本心之外皆为外物。《庄子·应帝王》云："不将不迎，应而不藏，故能胜物而不伤。"⑦ 故而，健康之理想乃"清静"之"应"，应而不伤，应而乃常也。如此，才是维持健康的诀要所在。

---

① 《太上老君说常清静妙经》，《道藏》第 11 册，第 344 页。
② 同上。
③ （唐）杜光庭：《太上老君说常清静经注》，《道藏》第 17 册，第 187 页。
④ （元）侯善渊：《太上老君说常清静经注》，《道藏》第 17 册，第 179 页。
⑤ （元）李道纯：《太上老君说常清静经注》，《道藏》第 17 册，第 142 页。
⑥ （晋）郭象注，（唐）成玄英疏，曹础基、黄兰发点校：《庄子注疏》，北京：中华书局 2011 年版，第 36 页。
⑦ 同上书，第 167 页。

五、结语

　　根据前文所述,我们可以认为,《清静经》蕴含深刻且富有当代价值的健康思想。正如不同时代,人们对"健康"这一概念的理解不尽相同。《清静经》蕴含的健康思想,也被不同时代的注者所"重译",进而焕发出具有时代特征的光彩。通过对《清静经》的文本解读,结合当代的人们所面临的健康问题,我们可以明晰关于"健康"的三个要点:其一,健康的状态在于"静",也就是身体强健,内心安宁,身心平衡,这是健康的基本要素;其二,健康的路径在于"心",也就是"澄心遣欲",其中,实现"心"之"真静",是达到健康状态的关键;其三,健康的诀要在于"应",也就是能"常应常静",时空流转,万物皆变,唯有时常以"静"相"应",才能恢复健康、保持健康。在当代社会中,若能从以上三个层面入手,体悟《清静经》之健康意蕴,一定大有裨益。

道教对"梦"意象的理论建构与另类应用

李 霄*

内容提要：梦不仅是一种生理现象，在道家道教及中华传统文化的大背景下，也有着更为独特的象征意义和应用。本文旨在梳理道教与中国传统"解梦""释梦"文化的关系，探究道家经典《庄子》中关于"梦"的思想、"梦"的意象之宗教意义。

关键词：梦 意象 庄周梦蝶

在汗牛充栋的道家道教典籍中，存在着大量与"梦"相关的文献典籍。从多元理论上看，梦不仅是一种生理现象、心理现象，在道家道教乃至中华传统文化的大背景下对之审视，其背后有着更为独特的理论建构和象征意义，体现出道家道教对之独具匠心地发挥与应用。有鉴于此，本文围绕"梦意象"这一中心点，对之加以探析，就教于各位方家。

一、问题溯源

在不少中国古人的观念里，天与人之间"似乎"存在着一条泾渭分明、互不关联的鸿沟。郑国子产有云："天道远，人道迩，非所及也。"[①] 天与人之间不管是在时间尺度上还是空间跨度上都存在着难以消除的差距。在思想认知层面上的"天道"与"人道"相符相知亦非易事。但是不论是商人自称为"天人"，还是周公"皇天无亲，惟德是辅"的"以德配天"，敬德而受天之命，乃至春秋战国的诸子百家对于天的各种理论，如道家"人法地，地法天，天法道，道法自然"，儒家对人性与天命关系的探究，墨家"天志"思想的宣扬，西

---

* 李霄，四川大学道教与宗教文化研究所2018级硕士研究生，主要研究道教历史与文化。
① 郭丹、程小青、李彬源译注：《左传》（下册），北京：中华书局2012年版，第1857页。

汉董仲舒的"天人感应""人副天数"等,从中均可以看出,早期的中国文化及其主流的社会思想,都是在试图实现与"天道"相合,天人相通,最终寻得人生追求的至真至善和社会治理的有序有效。

而《荀子·天论》中所云"天行有常,不为尧存,不为桀亡"①的完全客观性,也使得"天命"之所授,"天道"之所知,难以以一种直接的方式进行传达,更不必说获取现成的条律规范了。此是要在天人构造相似性如"人副天数"等理论前提下,借助各种凡人可接触到的与天意相关甚至相通的"媒介"来获得上天授意或者神人启示。

自三代以降,灾祸、异象、怪物、奇梦等怪事奇谈在历代史书或民间方志中皆多有记载,种类更是繁杂。且对如此多的各种现象作解读而求得对未来之事的预知和指导,更是古往今来人所乐此不疲的。

先秦时期,人们便已经开始对梦进行一种系统性的区分。《周礼》有记:"以日月星辰占六梦之吉凶。一曰正梦,二曰噩梦,三曰思梦,四曰寤梦,五曰喜梦,六曰惧梦。"②其根据梦的不同内容和类型划分为六个种类。这种行为体现了对梦这一意象本身的重视和意图深入的愿望。《周礼》又说:"掌三梦之法,一曰致梦,二曰觭梦,三曰咸陟……以八命者,赞三兆三易三梦之占,以观国家之吉凶以诏救政。"③可以看出,解梦在此时便被认作可与兆卜、易占共同作为为"国家之吉凶"而求"救政"的方法。"梦"与"现实"具有的实在关联性是一种被认可的观念,并且也相信通过不同的占梦术式,对各种"梦"的意象因素加以分析,从而可以获得对"梦"所指向涉及的现实事项的发展预知和相应的行动指引。更进一步,不论依据统计学得出的实际成效比如何,以及此种行为的仪式性意义是否远远大于其实效性结果,至少可以得出这样一个较为明显的看法:在周朝的社会整体文化认同层面上,这一时期对"梦"的意象及"占梦"行为的解读已经具有相当重要的意义和地位。

同样在道教当中,通过梦的"隐喻性"来为修行者传达某些修炼信号及境界信息的思想观念也相当流行。南宋金允中在《上清灵宝大法》卷六"三晨芒耀品"中记饮斗光法时,其注曰:"久行之有验,则梦见日月星辰,或龙虎之象,或雷电光耀,则得其梯阶也。"④从此可看出,梦的意象有了简单的划分,不同景象指向不同修炼"梯阶",修道者可以通过修炼过程中得见何种梦象,从而得知自我修炼的阶段和层次。道书《上清太上黄素四十四方经》中亦有记:"凡道士登斋入室,忽有灵感妙应,应当有吉祥之梦者,皆道之欲成。"⑤"梦"在此便作为一种"道成"的征兆式确证,即当修道者到达一定修行阶段时,在"灵感妙应"

---

① (清)王先谦撰,沈啸寰、王星贤校:《荀子集解》,北京:中华书局1988年版,第307页。
② (汉)郑玄注,(唐)贾公彦疏:《周礼注疏》卷二十五,李学勤主编:《十三经注疏》,北京:中华书局1980年版,第808页。
③ 同上书,第806页。
④ (宋)金允中编:《上清灵宝大法》,《正统道藏》第31册,文物出版社、上海书店、天津古籍出版社1988年版(下引皆同),第379页。
⑤ 《上清太上黄素四十四方经》,《正统道藏》第34册,第76页。

的刺激下，通过"吉祥之梦"得到自己"道之欲成"的信息确认。可见梦象在道教当中预兆启示的意义亦有被叙述和重视。梦的显遇与否、吉凶性质、梦象内容都与道士最终成仙与否、修行修为层次有着重要的关系。

正是这种对"梦"可通神秘、得悟天道的认知，各种史书典籍、民间方志在记叙贤君良人降诞之时，也往往以异梦托象的方式来增添其神话色彩，建立其后所成大名伟业与"天道神命"之宿命论的因果关系。《汉书·高祖纪》中有曰："母媪尝息大泽之陂，梦与神遇，是时雷电晦冥，父太公往视，则见交龙于上，已而有娠，产高祖。高祖为人隆准而龙颜，美须髯。"① 此便记写了汉高祖刘邦之母曾有梦中与神相遇的神奇传说，又伴随雷电、龙腾之异象，而后则产高祖。高祖样貌亦不同寻常，故而可成覆秦开汉之千秋帝王。

此种记法，不仅正史颇多，道教典籍之中亦多见。如《许真君先传》中记晋代净明派祖师许逊许天师所生之时，有曰："初母夫人梦金凤衔珠堕于掌中，玩而吞之，及觉腹动，因是有孕，而真君降生焉，时吴赤乌二年正月二十八日也。"② 元赵道一编《历世真仙体道通鉴》卷二十五中载隋唐高道王远知降诞之时，亦有"道士琅琊王远知，陈扬州刺史昙首之子。外祖丁超，梁驾部郎中。其母因梦灵凤，有娠，僧宝志曰：生子当为神仙宗伯也"③。上两条记叙均为其母梦见奇景异象，因而有娠。与上文道士修炼过程中的梦象不同，这里的"梦象"不仅仅是一种信息讯号的传达，因梦异象入腹而有神人之降诞，其背后更蕴含着一种神圣力量借助梦的形式下临、在人间成型显现的思想。这是一种将人间与天上打通的形式和方法。

并非所有对梦的理解都与神意天命纠缠不休。《黄帝内经》中对"梦"有相关记载："是故阴盛则梦涉大水恐惧，阳盛则梦大火燔灼，阴阳俱盛则梦相杀毁伤；上盛则梦飞，下盛则梦堕；甚饱则梦予，甚饥则梦取；肝气盛则梦想，肺气盛则梦哭；短虫多则梦聚众，长虫多则梦相击毁伤。"④ 于此，梦象表征出人体机理状态与以阴阳五行为基础的中医病因病理理论的结合。《列子·周穆王》中亦有类似论述："故阴气壮，则梦涉大水而恐惧；阳气壮，则梦大火而燔焫；阴阳俱壮，则梦杀生。甚饱则梦与，甚饥则梦取。是以浮虚为疾者，则梦扬；以沉实为疾者，则梦溺。籍带而寝则梦蛇，飞鸟衔发则梦飞。将阴梦火，将疾梦食；梦饮酒者忧，梦歌舞者哭。"⑤ 可见《列子》与《黄帝内经》不但形式内容上有所互补，而且都表达了将梦看作是人身体机能变化的生理反应的思想观点。但《列子》却不同于《黄帝内经》以释病因机理，而是由梦象可对人身体变化产生反映，来探论梦境彰示道士修炼与成仙进度的关联性。因而《列子·周穆王》中又有所述："觉有八征，梦有六候。奚谓八征？一

---

① （汉）班固撰，（唐）颜师古注：《汉书》，北京：中华书局1964年版，第1页。
② 《许真君仙传》，《正统道藏》第6册，第809页。
③ （元）赵道一：《历世真仙体道通鉴》，《正统道藏》第5册，第244页。
④ （唐）王冰饮注：《黄帝内经素问补注释文》，《正统道藏》第21册，第72页。
⑤ 叶蓓卿译注：《列子》，北京：中华书局2011年版，第78页。

曰故，二曰为，三曰得，四曰丧，五曰哀，六曰乐，七曰生，八曰死。此者八征，形所接也。奚为六候？一曰正梦，二曰噩梦，三曰思梦，四曰寤梦，五曰喜梦，六曰惧梦。此六者，神所交也。"① 在此列子不仅对人的外在感觉与内在梦境作了区分，其所提到的"此六者，神所交也"还表述了其认为的"梦"是与神明或神意相遇相交的思想。

二、道家道教之"梦意境"的理论建构——以《庄子》为例

"梦"在记述当中有时是生理上的"做梦"，有时也是某种情形下的幻想幻觉，但从其内容上说多是指在所谓"凡尘俗世"中难以甚至根本不可见的灵感妙验，亦或者是与日常生活中各种规律准则相悖不一的奇景异象。上述对"梦"各种卜用、病理的解释，都是在古已有之的"解梦""占梦"等传统行为基础上进行的文化阐发或者医学联征。真正围绕"梦"的意象及其概念，进一步进行理论构建并加以运用的，还是以道家为优。与注重宗教仪式、修炼实践的道教相比，作为中国传统哲学流派的道家的理论能力更为突出。而这其中，《南华真经》（即《庄子》）是较为典型的代表。

现存郭象本《庄子》计三十三篇，这其中论及梦与相关意象的便有十一处之多。有的是记叙奇物托梦，通过梦的方式传达道理。如《人世间》中的"栎树梦"，传递了"无用之用"的道理。又或《至乐》中"髑髅梦"，通过枕睡髑髅而得与之相谈，感悟人生因所别所想而累。有的则是通过对梦的分析和寓意性的梦意象来表达自己的哲学思想，如《齐物论》中"庄周梦蝶"的典故。"梦饮酒者，旦而哭泣；梦哭泣者，旦而田猎。方其梦也，不知其梦也。梦之中又占其梦焉，觉而后知其梦也。……且有大觉而后知此其大梦也。……而愚者自以为觉，窃窃然知之。"② 庄子在《齐物论》中通过借助长梧子与瞿鹊子问答，描述了一种"觉""梦""大觉""大梦"的套嵌结构，亦即是说生理之梦的清醒并非是彻底的"清醒"，只是第一层次的"梦""觉"结构，只是因为"梦饮酒者，旦而哭泣；梦哭泣者，旦而田猎"这种显而易见的梦醒差别而得以区分。但是人生情意相系、物感所怀却另是一层不易察觉的"大梦"。成玄英疏曰："夫人在睡梦之中，谓是真实，亦复占候梦像，思度吉凶，既觉以后，方知是梦。"③ "夫扰扰生民，芸芸群品，驰骛有为之境，昏迷大梦之中，唯有体道圣人，朗然独觉，知夫患虑在怀者皆未寤也。"④ 因而庄子才会论述说："……觉而后知其梦也。且有大觉而后知此其大梦也……"并由此认为对各种生理之梦的卜占、解用实则还是在"人生大梦"中的不真、不实行为，对"梦之中又占其梦焉"的行为和"而愚者自以为觉，窃窃然知之"的境界态度予以批判。

---

① 叶蓓卿译注：《列子》，北京：中华书局2011年版，第77页。
② 陈鼓应：《庄子今注今译》，北京：商务印书馆2007年版，第102页。
③ （晋）郭象注，（唐）成玄英疏：《南华真经注疏》，北京：中华书局1998年版，第53页。
④ 同上书，第54页。

道教亦有通过梦的虚幻性、不真性来表达人生悲喜苦乐不能长久，应潜心悟道以求得"大觉"于"大梦"之中的思想。如颇受乐道的"黄粱一梦"，其改编自唐代小说《枕中记》中道士吕翁与卢生的故事，其中人物对换成了吕洞宾与汉钟离。其叙写了吕祖在入道之前赶考过程中，因得遇汉钟离，发现自以为经历过的波折起伏、跌宕迷情的人生竟然只是连黄粱米都未曾做熟的梦景，从而得悟人生须臾短暂，决心入道。

在《齐物论》篇末尾，庄子又给我们书写了另一个寓言故事，即"庄周梦蝶"："昔者庄周梦为胡蝶，栩栩然胡蝶也。自喻适志与！不知周也。俄然觉，则蘧蘧然周也。不知周之梦为胡蝶与？胡蝶之梦为周与？周与胡蝶则必有分矣。此之谓物化。"① 庄周做梦时自己变成了蝴蝶，逍遥快活，根本意识不到自己是梦中所化。而直到醒来，才回想起自己梦中"变"成了蝴蝶。平常人看来如此简单不过的事情却引得庄周反思："不知周之梦为胡蝶与？胡蝶之梦为周与？"究竟是庄周在梦里变成了蝴蝶还是蝴蝶在梦里变成了庄周？由此引人无限的哲思。通过庄周、蝴蝶在"自喻适志与！不知周也"的心神凝寂、两不相知的"觉梦"状态下，消解掉主客体之间价值判断的对立，从而达到一种"天地与我并生，万物与我为一"的物物、物我化通的境界。这是既有寓言意味又含"齐物论"思想的最优解释。唐代成玄英就曾疏曰："是以周蝶觉梦，俄顷之间，后不知前，此不知彼。而何为当生虑死，妄起忧悲！故知生死往来，物理之变化也。"② 由蝶我之变而进一步放下对现实人生生死之别的执念。

然而在这种对"庄周梦蝶"的解用之中，关注的重点在于如何通彻主客之间的价值判断和对立，却忽略了其中作为背景性的因素内容——梦；只是单纯把"梦"作为这个典故发生的一个预设背景或者前提条件，而对于其到底在这之中产生了何种作用和意义却未曾细究。

《庄子·大宗师》中有曰："古之真人，其寝不梦，其觉无忧，其食不甘，其息深深。"③ 这其中的"其寝不梦"到底是因旧解"庄周梦蝶"所得的"淡然无为"而不会日有所思、夜有所梦，还是真正贯通了"觉""梦"之别而实现了对二者的消解呢？其在后文中便已有回答，是"与其誉尧而非桀也，不如两忘而化其道"。当达到物物相通、物我相通的"齐物"境界后，"两忘而化其道"的不仅是庄周与蝴蝶，还有更深层次的"梦""觉"之别。如果从具体过程来说，也是在"梦""觉"之别消解的基础上实现庄周与蝴蝶的通化。由此"庄周梦蝶"的内涵也就不仅仅是如何消解主客二元对立——在随着外在具体情境变化而变化的前提下，由一种持续性的返观自性的"自知"而保持内在的不变④，而更应是"现实"和"梦境"之间的通彻。即如北宋太学教授李元卓在其《庄列十论》的"庄周梦蝶论第一"中所

---

① 陈鼓应：《庄子今注今译》，北京：商务印书馆 2007 年版，第 109 页。
② （晋）郭象注，（唐）成玄英疏：《南华真经注疏》，北京：中华书局 1998 年版，第 59 页。
③ 陈鼓应：《庄子今注今译》，北京：商务印书馆 2007 年版，第 199 页。
④ 邹蕴：《〈齐物论〉中的"梦"与"觉"释义》，《北京大学学报》（哲学社科版）2016 年第 2 期，第 74 页。

言:"梦不知觉,故不以梦为妄。觉不知梦,故不以觉为真。"①"梦"在这一过程中就变成了受局限的"人生"领域的延展,也是实现体道合真的一个"场"。

三、道教对"梦意境"的独特发挥与运用

"梦"延展了人的思维和生存生活的领域,为人们体悟万物"道化于一"提供了一个实践的"全新场域"。这种由对"庄周梦蝶"略显另类的解读方式和关注立场,就使得在阅读《道藏》中道教"弘道""宣验"的相关记述时,能更深刻地理解"梦"这一意象在宗教中的意义作用——对神圣空间的开拓。

收于《正统道藏》洞真部记传类的《历世真仙体道通鉴》是宋末元初时赵道一纂集的一部记叙众多高道大德躬身践履的道教史籍,在道教史、道教文学史及道教思想史上都具有重要意义。其卷二十一中记述真人路大安时,说其"至惠帝永熙二年十月十五日夜半,梦太上老君命右侍玉童赐玉钥匙十事,而参合前老叟法书。梦觉,神开意解,自此书符行功布气、治病驱邪,无不应验"②。卷三十二记有刘知古"梦神人谓曰:后山石壁中有金鱼,跨之可以冲天。非此芝扣石,不可致。迟明访金鱼,茫然不知其所。是夕复梦曰:滴泉之下是也。既至,以芝扣,如风雷之震,巨石迸裂。得金鱼长三尺许。乘之飞空,云雾旋拥而去矣"③。卷三十三有邓郁之"衡岳紫盖峰石、坛九仙宫邓郁之,字符达,南阳新野人也。幼有飞乌衔印之梦,后得驱邪域毒之符,即救治无不愈"④。诸如此类,举不胜数。可见在道教之中,除了通过得悟人生如梦,以求道真这类义理阐释之外,修道之人亦可通过梦到达仙洞福地或与仙人神灵相交相通,并在梦中进行传法、受宝等。且此等梦中所行之事,并非延续一贯"梦"的虚幻性、不真性或只显现某种景象而作预言式传达,与现实脱节断裂。在上述文本思想中,很显然,主人公梦中之境与从梦中返回后的"客观现实"是相通相连的,在梦中发生的一切能够且已经对现实产生了实质性的影响。从这个角度来说梦就已经不再是单纯的只包含、显现某些象征性的解读符号,而是真真切切的作为一种道教中神圣空间的拓展从而获得了实践意义。

在道教的这种通过梦打开神圣体验场域、构建神圣空间的记叙文献中,《周氏冥通记》颇具代表性。《周氏冥通记》又名《周子良冥通录》《周子良冥通记》,是经梁天监时期著名道士陶弘景整理编纂其弟子周子良记叙自己与众真感通的遗稿而成,共四卷。周子良通过梦通灵四十二位仙真,并以日记的形式记录下来,有人称其为"梦记体"⑤。《周氏

---

① (宋)李元卓:《庄列十论》,《正统道藏》第32册,第523页。
② (元)赵道一:《历世真仙体道通鉴》,《正统道藏》第5册,第220页。
③ 同上书,第282页。
④ 同上书,第289页。
⑤ 何建朝:《〈周氏冥通记〉研究》,西南大学硕士学位论文,2012年。

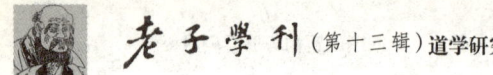

冥通记》中所梦遇仙人，多为夜寝日寐时："凡标前云梦者，是眠中所见，其有直云某日见某事者，皆是正耳觉时其见，但未知为坐为外耳。"①"六月二十一日夜，梦一人，年可三十许，白布椅褶平上绩，执手版，版黑色，形容乃端雅见敬……"②"八月十六日，梦至方诸，见青君府，不见青君。乃见韩太华，丹青馆宋夫人见，告神仙之要，委形之术。"③"八月二十一日，梦与保命至蓬莱，见周大夫。又至一朱台巨阙青轩紫房，云是司阴府陶某近正应肩治此束南一玄宫中。"④……可见在相关描述中，周子良通过入梦得见神真，亦或通过入梦神游洞府宝地而与仙灵感通。在此，"梦"即是其感神的一种途径和过程。通过"梦"，给神降以实现的场域。尽管背景可能是日常所居的卧房或者现实存在的大山名川，但是经过"梦"的神圣构建，这些脱胎于俗世的场景脱离了俗世，而成为神圣性的宗教场域。

除此之外，梦意象在道教里面的另一实践意义，就在于其可以作为仙人施展神迹或者道教法术实践操作所需的"场"。《金莲正宗记》卷二中有记玉蟾和真人升仙后曾与人诺将会救其于"患难"。故其人在身患痾疾时"一夕梦中偶遇先生（玉蟾和真人），详说药饵治疗之法，疾果顿瘳，足见先生之神迹有不死者焉"⑤。道教真人通过梦境构建了一个行医治病的行法场域，梦中施治，能治愈现实病症。这也说明了在道教认知中，梦境与现实并非单纯的虚幻与真实的对立，二者是存在直接且实在的相互影响。

可见，在道教的大神学体系下，对梦的理解不应将其单纯与其他梦与神交的事情相混杂，而遮蔽了其背后更为丰富的宗教内涵。并且也应该注意到，虽然道教当中对"梦"的认知在一定程度上吸取和发展了"庄周梦蝶"中所蕴涵的齐物论思想，但是并不全同于庄子彻底地消解"梦""觉"区别而通彻二者。道教因其要劝人放下俗世凡尘，求真大道，还是保留着"梦""觉"的区分对待。但是通过体道、合道就可以以"梦"构筑一个通灵仙真的神圣空间，并以"梦见""梦游"的方式打开其宗教视域，从而将已建构的神圣空间纳入修道者的生命之中，实现梦境与现实境的贯通统一。

结　论

道教中对"梦"的理解和在典籍中出现的应用方式，不完全趋同于古已有之的占梦解梦的文化传统。尽管其亦有传承传统文化中关于梦思想的哲理省思。道教围绕如何借助"梦"这一意象进行以"上知天命""得道成仙"为目的论的神学理论构建，作了多重考虑，并取

---

① （梁）陶弘景：《周氏冥通记》，《正统道藏》第 5 册，第 523 页。
② 同上书，第 528 页。
③ 同上书，第 537 页。
④ 同上。
⑤ （元）秦志安：《金莲正宗记》，《正统道藏》第 3 册，第 351 页。

得了较为成功的实践效果。换言之,在道教神学向前推进的历程中,梦不仅仅作为一种单纯受解读的意象中介,更是开拓出了道教体系中的神圣空间,并扩展了最终到达这一神圣空间的路径,其显然具有深刻的宗教实践意义。

老子學刊

传统文化与三教关系研究

岷山考辨三题：位置、指称与古蜀人

张崇富*

内容提要：本文考辨了岷山的地理位置、指称及其与古蜀人的渊源。通过研究，本文认为岷山的地理位置古今不同，复杂多变；岷山的指称包含了"独指"与"该言众山"两种类型。此外，本文认为岷山既是古蜀人的圣山与发祥地，也是古蜀人的魂归之所，是解读古蜀文化的重要维度。

关键词：岷山　位置　古蜀人

一、岷山地理位置考辨

（一）岷山的地理位置

先秦以降，涉及岷山的古代文献不可胜数，但对岷山的指称却参差不一，纷繁复杂，这增加了我们研讨和理解岷山的难度。古代文献所指的岷山到底在哪里？《尚书·禹贡》研究之集大成者胡渭（1633—1714）将古代文献对岷山地理位置归纳为四处：（1）四川松潘卫；（2）成都府之茂州；（3）成都府之灌县；（4）陕西岷州卫。

1. 岷山在四川松潘卫

四川松潘卫，即今天阿坝藏族羌族自治州东北部的松潘县。《禹贡锥指》称：

（松潘）卫东南去布政司七百六十里，《史记》作汶山。《封禅书》云："自华以西名山七，有渎山，蜀之汶山也。"《汉书·地理志》云："岷山在湔氐道西徼外，江水所

---

* 张崇富，男，哲学博士，四川大学道教与宗教文化研究所教授、博士生导师。

出。"《蜀志》:"秦宓曰:蜀有汶阜之山,江出其腹。"《华阳国志》云:"岷山一名沃焦山,其趾曰羊膊,江水所出。"任豫《益州记》云:"大江泉源始发羊膊岭下,东南下百余里,至白马岭,而历天彭阙。"《水经注》云:"岷山在蜀郡氐道县,即渎山也。又谓汶阜山,在徼外,江水所导。"《隋志》:"汶山在汶山郡左封县(唐悉州治,东至翼州一百九十里。今叠溪营西有废翼州)。"此皆谓在松潘者也。①

2. 岷山在成都府之茂州

成都府之茂州,相当于今四川北川、汶川及茂县等岷山玉轮坂下。

《元和志》云:"汶山县有汶山,即岷山。去青城山百里,天色晴明,望见成都,即陇山之南首。"张栻《西岳碑》云:"岷山在茂州列鹅村,其趾曰羊膊也。"《舆地广记》云:"岷山在汶山县西北,俗谓之铁豹岭。"王氏《地理通释》云:"大渡河,一名羊山江,源出铁豹岭,岭即羊膊之异名也,此皆谓在茂州者也。"②

3. 岷山在成都府之灌县

成都府之灌县,即今天的四川都江堰。《禹贡锥指》称:

(灌)县本汉绵虒、郫、江原三县地,周武帝分江原置青城县,因山为名。《元和志》云:"青城山在蜀州青城县西北三十二里。"杜光庭《成都记》云:"岷山连峰接岫,千里不绝,灌县青城山乃其第一峰也。"《县志》云:"汶山在县北三十里,盖即青城矣。"③

4. 岷山在陕西岷州卫

陕西岷州卫,即今天甘肃岷县。《禹贡锥指》称:

(岷州)卫本汉陇西郡地,西魏置溢乐县,今卫治即其故城。《括地志》云:"岷山在岷州溢乐县南,连绵至蜀几二千里,皆名岷山。"《元和志》云:"山在溢乐县南一里,此皆谓在岷州卫者也,然则岷山最大,志家各就其所在言之。"陆游曰:"自蜀郡之西,大山广谷,嵚崟起伏,西南走蛮箐中,皆岷山也。"薛季宣曰:"今自岷、洮、松、叠以南,其大山峻岭,班班可考者,皆岷山之随地立名者耳。"此说是也。观《汉志》云:

---

① (清)胡渭:《禹贡锥指》卷十一下,上海:上海古籍出版社2013年版,第375页。
② 同上书,第376页。
③ 同上。

"山在徼外，则固不可以湔氐一县限之矣。大抵岷山北起于溢乐，实跨古雍州之境，而南则讫于青城，绵地千余里，与太行伯仲，或专指在松潘，亦非笃论，然大江所出，则必直氐道西徼外者也。"①

（二）岷山地名的迁移

清人胡渭认为岷山的具体位置之所以难以断定，其中最重要的原因就在于岷山附近古今地名不相符，若以今索古，必定会犯错，"如羊膊岭在天彭山北，而后世移之于汶山县；天彭阙在湔氐道徼外，而后世移之于导江县；灵关道属越巂郡，而后世移之于汉嘉郡。谈禹贡者，终当以古为是"②。正确的做法应以古断今。

钱穆先生对岷山地名古今的变迁有精深的考证。钱穆先生认为我们今天所指称的岷山，实际上已经经历了两种可能的地名位移。一种是从陇西位移到了今天四川的松潘；另外一种可能的位移，就是从蜀之临邛的邛崃山，位移至"茂至松潘"。

第一种位移：从陇西至四川松潘。钱穆在《史记地名考》称：

> 秦汉湔氐道，今四川松潘县西北。《汉志》谓："岷山在西徼外，江水所出。"然《禹贡》汶山，实不在此。昔人盖指今嘉陵江为江源。《汉志》："陇西氐道，禹贡瀁水所出。"又："西县，禹贡嶓冢山，西汉所出。"此实即《禹贡》汶山之与江源也。嶓冢在宁羌，与汶山相近，故曰："汶、嶓既艺。"江、汉发源，计其大小长短，亦略相当，故曰"江、汉朝宗于海"，亦不为之轩轾。自秦、汉远迹，乃始以今之岷江为江源，以嘉陵江称西汉水，于是汶山移至松潘，而陇西之汶，则改为嶓冢。故汉有东西，而嶓冢亦有二处。③

第二种位移：从临邛的邛崃山，位移至"茂至松潘"。钱穆在《史记地名考》称：

> 汶山之下，沃野，蹲鸱，至死不饥。（《货殖传》）……《括地志》云："岷山在茂州汶川县。"邛州临邛县其地肥沃，平野有大芋。《华阳国志》云："汶山郡安上县有大芋如蹲鸱也。"（《货殖传》）……临邛，今邛崃县治。则邛崃山，汉人亦谓之岷山也。大抵岷山之名，又自临邛渐移而北，至茂至松潘耳。④

---

① （清）胡渭：《禹贡锥指》卷十一下，上海：上海古籍出版社2013年版，第376页。
② （清）胡渭：《禹贡锥指》卷九，上海：上海古籍出版社2013年版，第275页。
③ 钱穆：《史记地名考》，《钱宾四先生全集》，台北：联经出版事业股份有限公司1998年版，第96—97页。
④ 同上书，第98页。

二、岷山称谓考："独指"还是"该众山言"

除了对岷山四处地理位置的甄别以外，古人对岷山的称谓，实际上还包括两大类型，即明代何宇度所说的"该众山言"和"独指"这两类。何宇度在《益部谈资》卷上称：

> 蜀之山，大约近江源者皆谓之岷山，峰连冈属，千里不绝。今俗谓青城为岷山者，以此又闻，凡称岷嶓者，该众山言也。凡称沱潜者，该众水言也。盖蜀山之居左者皆曰岷，居右者皆曰嶓；水出于岷者皆谓之江，出于嶓者皆谓之汉，或谓之漾，或谓之沔；出于江而别流，别而复合，皆谓之沱；出于汉而别流，别而复合，皆谓之潜。古今论岷嶓沱潜者众矣，参差不一，莫得其真，惟由不知左者，皆得为岷，右者皆得为嶓，而独指茂州之汶山为岷山，金牛之嶓冢为嶓山，隘矣！然今嶓冢又改隶陕西，非蜀可得并论也。①

何宇度的观点极具启发性，对这两种指称方式的厘清，将有助于我们对岷山的进一步研讨。

（一）独指

独指，即认为岷山为某单一山峰。如独指岷山为崌山、天彭阙、铁豹岭、羊膊山、九顶山、成都等。

1. 岷山为崌山。

蒙文通先生就持这种观点，他认为"崌"字应当是"岷"之讹，因为汉代的"岷"字常常作"嶓"，故常常被讹为"崌"。《水经·沫水注》称岷山即蒙山。《续汉·郡国志》称"汉嘉，故青衣，有蒙山"，认为青衣之蒙山，即是《山海经》中之崌山，也就是岷山。②

2. 岷山为天彭阙

《蜀王本纪》卷三载："李冰以秦时为蜀守，谓汶山为天彭阙，号天彭门。云亡者悉过其中，鬼神精灵数见。"③《华阳国志·蜀志》亦载此事：

> 周灭后，秦孝文王以李冰为蜀守。冰能知天文地理，谓汶山为天彭门；乃至湔氐县，见两山对如阙，因号天彭阙。仿佛若见神，遂从水上立祀三所，祭用三生，珪璧沉

---

① （明）何宇度：《益部谈资》卷上，（清）纪昀编：《文渊阁四库全书》第 592 册，台北：台湾商务印书馆影印本 1986 年版，第 737 页。
② 蒙文通：《略论〈山海经〉的写作年代及其产生地域》，《蒙文通文集》（二），成都：巴蜀书社 2015 年版，第 126 页。
③ 王文才编著：《蜀志类钞》，成都：巴蜀书社 2010 年版，第 12 页。

渍。汉兴，数使使者祭之。①

3. 岷山为铁豹岭

宋代祝穆《方舆胜览》卷五十五记载："郡志岷山，俗谓之铁豹岭。"②《古今图书集成》："按《地理通释·十道山川考》：剑南名山岷山，在茂州汶山县，俗谓之铁豹岭，禹导江始于此。"③

4. 岷山为羊膊山

王应麟《通鉴地理通释》认为铁豹岭就是羊膊山的别名。他说"大渡河一名羊山江，源出铁豹岭，岭即羊膊之异名也"④。此乃其一家之言。

> 《华阳国志》曰："岷山一名沃焦山，其跗曰羊膊，江水所出。"李膺《益州记》曰："羊膊岭水分二派：一东南流为大江，一西南流为大渡河。"《太平寰宇记》曰："羊膊山在平康县（县属松州，《隋志》："平康县有羊肠山。"肠盖膊字之误）。山下有二神湫，大江始发之所。"⑤

5. 岷山为九顶山

《古今图书集成》"方舆汇编山川典"认为，岷山位于茂州羌之列鹅村，茂州当地人称之为九顶山。

> 《三才图会·岷山图考》：岷山在茂州羌之列鹅村，一名鸿蒙，即陇山之南首，故称陇蜀。又名汶焦山，其跗曰羊膊江，水所出也，山直上六十里，岭之最高者，遇大雪开泮，望见成都。

> 按《四川总志·山川考》：岷山，在茂州羌中之列鹅村。

> 按《茂州志·山川考》：岷山，茂之镇山也。《一统志》云：在茂州西南列鹅村，去州二十里，其高直上六十里，可望成都。山有九峰，四时积雪，经寒暑不消，每晨光射之，烂若红玉。去成都五百里，人西望之，若在户牖。茂人呼为九顶山。杜工部所谓：

---

① （晋）常璩著，任乃强校注：《华阳国志校补图注》卷三，上海：上海古籍出版社1987年版，第132—133页。
② （宋）祝穆：《方舆胜览》卷五十五，《文渊阁四库全书》第471册，台北：台湾商务印书馆影印本1986年版，第971页。
③ （清）陈梦雷编纂：《古今图书集成》（方舆汇编山川典，第一百七十二卷，岷山部），北京：中华书局，成都：巴蜀书社1985年版，第10页。
④ （清）戴震撰，张岱年主编：《戴震全书》第4册，合肥：黄山书社1995年版，365页。
⑤ 同上。

西山白雪三城戍是也。①

6. 岷山为"成都"

徐学书和贾雯鹤持这种观点。"成都"一名本为"载天"之山。最早记载成都为山名的古文献为《山海经》。如《山海经·大荒北经》载:"大荒之中,有山名曰成都,载天。"②《山海经》中提到的"成都"乃是一座"载天"的圣山。据蒙文通先生对《山海经》考证,他认为《大荒经》成书年代为西周甚至更早,很可能出自巴蜀人之手③。汉司马迁《史记》卷二十九《河渠书》:"蜀守冰,凿离碓,辟沫水之害,穿二江成都之中。"④而在出土文物中,成都一名至迟在战国晚期就已经出现——四川青川出土的吕不韦戟的戈面上有"成都"二字铭文。出土的睡虎地秦墓竹简中亦有关于"成都"的记载:"以县次传诣成都,成都上恒书太守处。"⑤任乃强先生认为四川各地如丹巴、灌县、彭县、川南均有"成都"的地名,这恰好证明了,成都之名乃是古蜀人从岷江的河谷地带带入川西平原的。"成都"一名也慢慢由山名变成了地名。

(二)该众山言

所谓"该众山言"乃是认为岷山非某单一之山峰,而是群峰连绵的山脉。

《山海经》:"凡岷山之首,自女几山至于贾超之山,凡十六山,三千五百里。"⑥郦道元《水经注》:"《地理志》曰:桓水出蜀郡蜀山,西南行羌中者也。"⑦骆宾王《畴昔篇》:"蜀路何悠悠,岷峰阻且修。"⑧

> 王羲之曰:"岷山夏含霜雪,殆昆仑之伯仲也。"……杜光庭曰:"岷山连峰接岫,千里不绝,灌县青城山,乃其第一峰。"……陆游曰:"尝登岷山,欲穷江源而不可得。盖自蜀境之西,大山广谷,谽岈起复,西南走蛮箐中,皆岷山也,则江所从来远矣。"⑨

元代吴澄《书纂言》卷二云:"蜀以西近江源者皆为岷山,连峰接岫,青城、天彭诸山

---

① (清)陈梦雷编纂:《古今图书集成》(方舆汇编山川典,第一百七十二卷,岷山部),北京:中华书局,成都:巴蜀书社1985年版,第10页。
② (晋)郭璞注:《山海经》,上海:上海古籍出版社2015年版,第378页。
③ 蒙文通:《略论〈山海经〉的写作时代及其产生地域》,《蒙文通全集》(二),成都:巴蜀书社2015年版,第115—136页。
④ (汉)司马迁撰,(南朝宋)裴骃集解,(唐)司马贞索隐,(唐)张守节正义:《史记》第4册,北京:中华书局1959年版,第1407页。
⑤ 睡虎地秦墓竹简整理小组:《睡虎地秦墓竹简》1978年版,第261页。
⑥ (晋)郭璞注:《山海经》,上海:上海古籍出版社2015年版,第210页。
⑦ (北魏)郦道元:《水经注》,上海:上海古籍出版社1990年版,第668页。
⑧ (唐)骆宾王著,谌东飚点校:《骆宾王集》,长沙:岳麓书社2001年版,第41页。
⑨ (清)顾祖禹辑:《读史方舆纪要》二十三,北京:商务印书馆1937年版,第2829—2830页。

之所环绕,皆岷也。岷山之阳,其山非一。"① 元黄镇成撰《尚书通考》卷七:"晁氏曰:蜀以山近江源者,通为岷山,连峰接岫,重叠险阻,不详远近,青城天彭诸山之所环绕,皆古之岷山,青城乃其第一峰也。"②

三、岷山:古蜀人发祥地

以山水为族名,以山水之神为本民族的祖先,乃是上古氏族之通例。如《国语·晋语》载:"昔少典娶于有蟜氏,生黄帝、炎帝。黄帝以姬水成,炎帝以姜水成。成而异德,故黄帝为姬,炎帝为姜。"③ 东汉许慎《说文》曰:"神农居姜水,因以为氏。"④《左传·庄公二十二年》:"姜,大岳之后也。"⑤《左传·隐公十一年》:"夫许,大岳之胤也。"⑥《水经注·洧水》:"故许男国也,姜姓,四岳之后矣。"⑦《左传·襄公十四年》说:"谓我诸戎是四岳之裔胄也。"⑧《诗·大雅·裕高》:"崧高维岳,骏极于天。维岳降神,生甫及申。"⑨《国语》卷一:

> 昔夏之兴也,融降于崇山;其亡也,回禄信于聆隧。商之兴也,梼杌次于丕山;其亡也,夷羊在牧。周之兴也,鸑鷟鸣于岐山;其衰也,杜伯射王于鄗。是皆明神之志者也。⑩

循此理路,古蜀人亦不例外。因此,本文认为岷山亦是古蜀人的族名和祖神的来源。过去我们讨论岷山常常忽略了这层关系,而仅仅把岷山看作了古蜀人生存和发展的重要环境,这对岷山和古蜀文明的解读来说是一种重大的缺失。由于记载古蜀人的古代文献相对匮乏,本文试从以下几方面讨论岷山跟古蜀人的关系。

(一)岷山与蜀山氏

岷山即是渎山,也就是蜀山(即独山之谓)。这种说法有以下几个古音韵学的有力证据:

---

① (元)吴澄:《书纂言》卷七,《文渊阁四库全书》第61册,台北:台湾商务印书馆影印本1986年版,第65页。
② (元)黄镇成:《尚书通考》卷七,《文渊阁四库全书》第62册,台北:台湾商务印书馆影印本1986年版,第165页。
③ (战国)左丘明:《国语》,上海:上海古籍出版社2015年版,第237页。
④ 臧克和、王平校订:《说文解字新订》,北京:中华书局2002年版,第813页。
⑤ 杨伯峻编著:《春秋左传注》,北京:中华书局2016年版,第243页。
⑥ 同上书,第81页。
⑦ (北魏)郦道元:《水经注》,上海:上海古籍出版社1990年版,第426页。
⑧ 杨伯峻编著:《春秋左传注》,北京:中华书局2016年版,第1105页。
⑨ 陈戊国点校:《四书五经》上,长沙:岳麓书社2014年版,第404页。
⑩ (战国)左丘明:《国语》,上海:上海古籍出版社2015年版,第20页。

《尔雅·释山》云："独者，蜀。"疏：虫之孤独者名蜀，是以山之孤独者亦名曰蜀也。汉扬雄《方言》："一，蜀也。南楚谓之独。"（蜀犹独耳。）①

别的地方也有称蜀山为独山的，蜀山为独山并非孤例。如《北河纪·北河纪余》卷二称："蜀山湖在东岸，即南旺东湖也。周回六十五里，有山一区，在水中央，望之若螺髻焉，曰蜀山，蜀者独也。山上有圣母祠，云是伏羲母，未知何据。"②

古蜀人之所以又称"蜀山氏"，显然与以山水之神为祖先神，以山名为族名的通例完全吻合。而现存的古代文献也记载了"蜀山氏"的一些基本情况。早在先秦，古《世本》《山海经》中已提到了"蜀山氏"。此后，宋代《路史·前纪四》对古蜀国作了概述称："蜀之为国，肇自人皇，其始蚕丛、柏镬、鱼凫，各数百岁，号蜀山氏，盖作于蜀。"③《蜀王本纪》记载："蜀王之先名蚕丛，后代名曰柏灌，后者名鱼凫。此三代各数百岁，皆神化不死，其民亦颇随王化去。"④《禹贡锥指》卷九载：

> 梁州有古蜀山氏，蚕丛氏之国，又玄嚣、昌意所封，及牧誓所称庸、蜀、羌、髳、微、卢、彭、濮诸国皆在焉。春秋时可考者，庸、巴、濮、麇、褒凡五国。战国时属秦而楚亦兼得其地。秦并天下置汉中、巴郡、蜀郡、陇西、内史，汉改置益州（领郡八，《汉志》云改梁曰益）。⑤

宋人对于蜀山位置的考证，多认为蜀山位于岷江流域之岷山地区⑥。蒙文通先生认为古巴蜀境内曾有数百十个小部落小诸侯"戎伯"，如司马错所说的那样，"夫蜀，西僻之国，而戎狄之长"⑦，而古蜀国正是西蜀的戎狄之长。

郭声波运用少数民族的语音学知识，再次证明了"岷山"一词乃是古蜀国西部山区少数民族对自己的自称。郭声波称：

> "岷山"（包括"曼山"等）系先秦、秦汉间中原人对古蜀国西部山区—今岷山—龙门山、邛崃—夹金—大相岭的通称；"岷"与"曼""绵""汶""蒙""牦""髳"等都是

---

① （清）张玉书撰，马涛主编：《康熙字典（现代版）》第2册，北京：九洲图书出版社1998年版，第1438页。
② （明）谢肇淛：《北河纪·北河纪余》卷二，《文渊阁四库全书》第576册，台北：台湾商务印书馆影印本1986年版，第742页。
③ （宋）罗泌：《路史》，《文渊阁四库全书》第383册，台北：台湾商务印书馆影印本1986年版，第22页。
④ 王文才编著：《蜀志类钞》，成都：巴蜀书社2010年版，第2页。
⑤ （清）胡渭：《禹贡锥指》卷九，上海：上海古籍出版社2013年版，第269页。
⑥ 《太平寰宇记》卷七十八"茂州石泉县"下载："蜀山《史记》黄帝子昌意娶蜀山氏女，盖此山也。"《路史·前纪四》引《益州记》说："岷山禹庙西有姜维城，又有蜀山氏女居，昌意妃也。"《路史·国名记》又说："蜀山，今成都，见扬子云《蜀纪》等书。然蜀山氏女乃在茂。""蜀山，昌意娶蜀山氏，益土也。"
⑦ （宋）郭允蹈：《蜀鉴》，《文渊阁四库全书》第352册，台北：台湾商务印书馆影印本1986年版，第484页。

这片山区土著民族——羌、夷的族名,源于其自称,本义是"人";"羌"或"夷"是中原人对他们另起的称呼;"岷山"即"岷(曼、绵、汶、牦、髳)人之山"的意思;岷、曼、绵、汶、蒙、牦、髳相互间的语音差别,出自译者或被译者的方言差异;其与现代羌族自称词的语音差别,则是出自羌语本身的语音变化规律。①

这一现象再度印证了古代氏族以山水之神为祖先神,以山名为族名的做法,这也为我们重新认识和解释岷山打开了另一扇门窗。

此外,还有不少文献记载古蜀国人在岷山地区活动。如西汉扬雄《蜀王本纪》记载:"蜀王之先,名蚕丛……"②"蚕丛始居岷山石室中"。《史记·三代世表》引战国典籍《谱记》记载:"蜀之先肇于人皇之际。黄帝与子昌意娶蜀山氏女,生帝喾,立,封其支庶于蜀,历虞、夏、商、周。"③据《华阳国志·蜀志》记载:"有蜀侯蚕丛……死,作石棺、石椁,国人从之。"④近年来的考古发现亦证明了古蜀人在岷山地区的活动:如岷山地区茂县发现的波西遗址(距今约 6000 年)、营盘山遗址(距今约 5500—5000 年)、沙乌都遗址(距今 4500 年)、成都平原发现的宝墩古城遗址群(距今约 4500—3800 年)、三星堆和金沙遗址(距今约 3500—3200 年)。也就是说自 6000 年前的新石器时代晚期以降,岷江流域之岷山地区,是迄今发现的文化内涵最为丰富的大型聚落,这证明了古蜀人很早就在这一区域生产生息。四川的任乃强等学者认为成都平原上的古蜀国,乃是居于岷山山区的古蜀人东进后所建立。

(二)魂归天彭

依蒙文通先生之言,古人认为人死之后魂归之地,有不同的系统。如中原之人死后魂归泰山,东北之人死后魂归赤山,巴蜀人死后魂归天彭⑤。而古巴蜀人的魂归天彭系统乃是独立自成一系。如上所述,岷山是古蜀之地望,古蜀人祖先神栖息之圣山,亦是其族名的来源。而古蜀人独有的"魂归天彭"系统,从另一个角度再度印证了岷山乃西蜀圣山。因此对古蜀文化的解读,若忽视了古蜀人岷山崇拜这一视角,恐难切中要害。

天彭,又称天彭阙,亦曰天彭门,位于岷山地区。不过,天彭的具体地理位置到底在哪里,却众说纷纭。检视文献大致有三种说法,即灌县说、彭州说和徼外说。《中国古今地名大辞典》的词条"天彭阙"就提到了前两种说法:"今四川灌县灌口山西岭有天彭阙,亦曰天彭门。两石相立如阙,故名。又四川彭县西北有彭门山,两峰对立如阙,亦名天彭门。"⑥

---

① 郭声波:《论岷山得名与羌、夷的关系》,《民族研究》1996 年第 3 期,第 112 页。
② 王文才编著:《蜀志类钞》,成都:巴蜀出版社 2010 年版,第 1 页。
③ (汉)司马迁:《史记》第 2 册,北京:中华书局 1959 年版,第 507 页。
④ (晋)常璩著,任乃强校注:《华阳国志校补图注》卷三,上海:上海古籍出版社 1987 年版,第 118 页。
⑤ 蒙文通称,"古时中原说人死后魂魄归泰山,巴蜀说魂魄归天彭门,东北方面又说魂魄归赤山,这都是原始宗教巫师的说法,显然各为系统。从这一点看,巴蜀神仙宗教说不妨是独立的,别自为系"。
⑥ 臧励和编:《中国古今地名大辞典》,北京:商务印书馆 1931 年版,第 136 页。

1. 灌县说

西汉扬雄《蜀都赋》有"彭门鸿岯"之称,岷山约位于今四川省都江堰市一带。西晋左思《蜀都赋》云:"出彭门之阙,驰九折之坂;经三峡之峥嵘,蹑五岯之蹇浐。"① 刘渊林《蜀都赋注》云:"岷山都安县有两山相对立,如阙,号曰彭门。"②《华阳国志》卷三:

> 周灭后,秦孝文王以李冰为蜀守,冰能知天文、地理,谓汶山为天彭门;乃至湔氏(宋刻与刘、张、钱、吴、何、《函》、王、浙本皆作"湔及"。《函海》注云"当作氏"。廖本径改作氏,是。湔氏道治今灌县白沙。"县",当作道。)县,见两山对立如阙,因号天彭阙,髣髴若见神。遂从水上立祀(李本作祠)三所,祭用三牲,珪璧沉濆。汉兴,数使使者祭之。③

经蜀学专家任乃强教授考证,认为此处的"湔氏"道就在灌县白沙。《记纂渊海》卷十六载"天彭山在导江县(《舆地纪胜》)"④。这些文献都认为天彭阙在今天的都江堰。

2. 彭州说

此说多与彭祖传说有关。《元和郡县志》记载:"垂拱二年于此置彭州,以岷山导江,江出山处,两山相对,古谓之天彭门,因取以名州。"⑤ 又云:"县北三十里丹景山,旧志以为山莳牡丹,春时红艳照人,故名。其前为彭门山,两山对峙,悬岩绝壁,相去数百步,如门,即天彭门也。"⑥《记纂渊海》卷十六载:"天彭山,以彭祖出入此山,因号彭门。"⑦《蜀中广记》卷五:"(彭门山)两山对峙,悬崖绝壁,相去数百步。如门,即天彭门也。或曰:彭祖遍游洞府以窥圣迹,尝往来于其中。"⑧ 元黄镇成《尚书通考》卷八:"天彭山亦谓之天

---

① (元)黄镇成:《尚书通考》卷八,《文渊阁四库全书》第62册,台北:台湾商务印书馆影印本1986年版,第172页。
② (梁)萧统编:《文选》卷五十六,《文渊阁四库全书》第1329册,台北:台湾商务印书馆影印本1986年版,第958页。
③ (晋)常璩著,任乃强校注:《华阳国志校补图注》卷三,台北:台湾商务印书馆影印本1986年版,第132—133页。
④ (宋)潘自牧:《记纂渊海》卷十六,《文渊阁四库全书》第930册,台北:台湾商务印书馆影印本1986年版,第398页。
⑤ (唐)李吉甫:《元和郡县志》,《文渊阁四库全书》第468册,台北:台湾商务印书馆影印本1986年版,第516页。
⑥ (唐)李吉甫:《元和郡县志》,《文渊阁四库全书》第591册,台北:台湾商务印书馆影印本1986年版,第69页。
⑦ (宋)潘自牧:《记纂渊海》卷十六,《文渊阁四库全书》第930册,台北:台湾商务印书馆影印本1986年版,第388页。
⑧ (明)曹学佺:《蜀中广记》卷五,《文渊阁四库全书》第591册,台北:台湾商务印书馆影印本1986年版,第69页。

谷,亦谓之天彭门,两山相对,水径其间,其山属今彭州。"①

3. 徼外说

徼外是指西南地区的边关,乃西南夷所居之地。《舆地广记》卷二十九称:

> 望彭州,秦二汉及晋属蜀郡。桓温平蜀,置宁蜀郡;梁置东益州,西魏置天水郡。后周州废置九陇郡,隋开皇初郡废,仁寿初置濛州,大业初州废,属蜀郡;唐武德三年复置濛州;贞观三年又废,垂拱二年置彭州,以天彭山为名。汉湔氐道有大彭山,两山相对,其形如阙,谓之天彭门,亦曰天彭阙,江水径其间,今在茂州,特取其名耳。②

《禹贡锥指》卷九称:

> 大抵岷山左右,其地名多古今舛戾,如羊膊岭在天彭山北,而后世移之于汶山县;天彭阙在湔氐道徼外,而后世移之于导江县,灵关道属越嶲郡,而后世移之于汉嘉郡,谈禹贡者,终当以古为是。③

汉湔氐道西徼外即在今天的四川松潘一带。

天彭阙或天彭门,就是古蜀地的"天门"。蜀地之所以有"魂归天彭"的观念,根源在于古蜀人对岷山信仰与崇拜。岷山既是古蜀人的圣山,也是其祖地。"魂归天彭"就是魂归祖地。有学者将三星堆玉璋上的神山图案与金沙遗址出土的玉兽面纹斧形器所刻的"冂"字形边栏纹饰,解读为古蜀地最早"天门"观念之一,认为这是最具蜀地特色的一种观念,后由岷江流域传到楚地,到汉代已成为具有南方文化系统特色的一种信仰④。此外,在蜀地出土的汉代的石棺画像与铜牌饰上均刻有"天门"二字,这反映了"天门"观念在蜀地已长期存在。另外值得注意的是不少西南少数民族均有类似《指路经》的经文或仪式,以此来引导死者灵魂回归祖地。这两者之间有何种关联,则值得进一步探讨。

四、结论

通过上述辨析,本文认为研究岷山的首要前提为考辨大量古文献中所涉及的岷山具体的

---

① (元)黄镇成:《尚书通考》卷八,《文渊阁四库全书》第62册,台北:台湾商务印书馆影印本1986年版,第172页。
② (宋)欧阳忞:《舆地广记》卷二十九,《文渊阁四库全书》第471册,台北:台湾商务印书馆影印本1986年版,第456页。
③ (清)胡渭:《禹贡锥指》卷九,上海:上海古籍出版社2013年版,第275页。
④ 黄剑华:《古蜀天门观念与蜀楚关系探讨》,《贵州社会科学》2004年第4期,第97—100页。

地理位置和指称。由于年代的久远，古今的地名很难简单地对应，因此必须加以仔细地考辨。岷山研究"陷阱"多多，难度极大，研究者若不小心辨析，随时会有坠入"陷阱"的危险。清人胡渭对岷山地理位置的总结为后人研究岷山奠定了基础。胡渭认为古文献中岷山的地理位置主要有四处，分别为：(1) 四川松潘卫；(2) 成都府之茂州；(3) 成都府之灌县；(4) 陕西岷州卫。当然这四处的指称，古今并非一成不变。钱穆先生对岷山地名古今的变迁有精深的考证，这使我们意识到今天所谓的岷山，实际上已经经历了两种可能的地名位移。一种是从陇西位移到了今天四川的松潘。另外一种可能的位移，就是从蜀之临邛的邛崃山，位移至"茂至松潘"。此外，岷山的称谓也应当小心应对。古人对岷山的指称实际上包含了"该众山言"和"独指"两种类型。所谓的"该众山言"乃是将岷山指称为包含众山的山脉，"独指"则是认为岷山是某一单一的山峰或者山岭。

此外，本文还探讨了岷山与古蜀人的关系。通过论述，本文认为岷山乃是古蜀人的圣山，既是古蜀人的族名和祖神的来源，亦是古蜀人死后魂归之地。关于古蜀人和古蜀文化的研究，由于文献匮乏，一直迷雾重重。本文认为，岷山乃西蜀之圣山与祖地，若忽略这一维度，对古蜀文化的解读将会显得苍白无力。

颐养小品
——中华传统颐养文化述略

施 维*

内容提要：颐养文化源远流长，是中华传统文化中的瑰宝，也是中国人尊重生命的体现。其中，养身与养德是颐养文化的两个重要内涵，是使形与神有机统一的条件。除了养身方面有对治的技术操作之外，养德亦需要配合心性修养的程序，二者相辅相成促进形与神的调和。本文对古代经典颐养论述略作诠释与总结，略窥中国传统颐养文化一隅。

关键词：颐养文化 颐养技术 养性

导 读

颐养天年，是中国人尊重生命、追求健康长寿的理想，并形成了源远流长、丰富多彩的中华颐养文化和颐养技术。颐养一词出自《周易·序卦传》："物蓄然后可养，故受之以《颐》，颐者养也。"① 颐养有什么内涵呢？《周易·象传》说："山下有雷，颐。君子以慎言语，节饮食。"② "慎言语，节饮食"涉及颐养的两个内涵，一是养德，一是养生。对颐养之道，《程氏易传》做了如下非常精到的阐述：

> 圣人设卦，推养之义，大至于天地养育万物，圣人养贤以及万民，与人之养生、养

---

* 施维（1959— ），巴蜀书社首席编辑、编审，主要从事学术文献、专著的策划出版与传统文化普及读物的策划出版。目前策划出版国家社科基金重大项目、国家出版基金重大项目、国家古籍整理出版专项资金项目及各大型学术文献30余种，策划普及读物200余种。

① （清）李光地撰，刘大钧整理：《周易折中》，成都：巴蜀书社2013年版，第601页。

② 同上书，第420页。

行、养德、养人,皆颐养之道也。①

> 颐之道,以正则吉也。……天地造化,养育万物,各得其宜者,亦正而已矣。②

颐养生命,需要从养德做起。《周易》这种"以德养生"的思想得到了孔子的认同,他说:"知者乐水,仁者乐山;知者动,仁者静;知者乐,仁者寿。"③ 在孔子的心中,智者和仁者应当是合二为一的,智者亦仁,仁者亦智,一动一静,欢乐长寿。孔子继承者所著的《中庸》《大学》里面"大德必得其位……必得其寿"④ 与"富润屋,德润身,心广体胖"⑤ 的论述,也与孔子"仁者寿"的思想一脉相承。为什么"以德养生"会使人健康长寿呢?董仲舒说:"仁人之所以多寿者,外无贪而内清净,心平和而不失中正,取天地之美,以养其身,是其且多且治……君子闲欲止恶以中意,平意以静神,静神以养气,气多而治,则养身之大者得矣。"⑥ 朱熹说:"心无愧怍,则广大宽平,而体常舒泰,德之润身者然也。盖善之实于中而形于外者如此。"⑦ 一个中正平和、静神养气的人,一个得道全德、善良坦荡的人,自然阴阳和谐,内无积滞郁气,"体常舒泰"。所以,"仁者""大德(者)",其身心健康、延年益寿的概率是高于其他人的。

可见,"以德养生"是中国颐养学的源泉和内核,并为中国历代颐养学家所发扬光大。颐养学的核心思想是首先解决做人的问题,其次才谈得上养生。做一个善良仁爱的人,做一个光明坦荡的人,做一个清净无贪(懂得放弃)的人,做一个心胸宽广的人,这是颐养身心的前提。与中国颐养学的基本原则(颐养之道)相伴相生的,是经过历代颐养学家探索、研究、总结的各种各样的颐养之术。中国历代颐养学家留下了非常平实而精彩的颐养思想和智慧,令人常读常新,这些都是值得继承和传播的传统文化精华,读者只要细读而思之,体悟而行之,是会受益无穷的。现分述于下。

一、孙思邈的颐养思想

(一)生长收藏与四季养生

颐养者,一定要遵循自然界变化的规律,制定不同的养生方法,以适应季节的变化。孙思邈在《备急千金要方》卷二十七《养性》中对养生、养长、养收、养藏之道及其相互依存

---

① (清)李光地撰,刘大钧整理:《周易折中》,成都:巴蜀书社2013年版,第138页。
② 同上。
③ 朱熹:《四书章句集注》,北京:中华书局1983年版,第90页。
④ 同上书,第25页。
⑤ 同上书,第7页。
⑥ 苏舆撰,钟哲点校:《春秋繁露义证》,北京:中华书局1992年版,第449页。
⑦ 朱熹:《四书章句集注》,北京:中华书局1983年版,第7页。

·施 维/颐养小品·

关系做了详尽的阐述，值得一读：

> 春三月此为发陈，天地俱生，万物以荣，夜卧早起，广步于庭，被发缓形，以使志生，生而勿杀，与而勿夺，赏而勿罚，此春气之应，养生之道也。逆之则伤肝。夏为寒为变，则奉长者少。
>
> 夏三月此为蕃莠，天地气交，万物华实，夜卧早起，毋厌于日，使志无怒，使华英成秀，使气得泄，若所爱在外，此夏气之应，养长之道也。逆之则伤心。秋为疟，则奉收者少，冬至重病。
>
> 秋三月此为容平，天气以急，地气以明，早卧早起，与鸡俱兴，使志安宁，以缓秋刑，收敛神气，使秋气平，毋外其志，使肺气清，此秋气之应，养收之道也。逆之则伤肺。冬为飧泄，则奉藏者少。
>
> 冬三月此为闭藏，水冰地坼，无扰乎阳，早卧晚起，必待日光，使志若伏若匿，若有私意，若已有得，去寒就温，毋泄皮肤，使气亟夺。此冬气之应，养藏之道也。逆之则伤肾。春为痿厥，则奉生者少。①

春天阳气渐起，万物复苏；夏天阳气始盛，万物兴旺，在春夏生长的季节，人们适于经常在户外活动，可以晚一点睡觉，但一定要早早起床（夜卧早起），吸纳天地生长之气。

秋天阴气渐起，阳气消退，如果过于接触户外阴寒之气，就容易感冒并伤及肺藏。因此，与春夏不同，在秋天应该早卧早起，毋使阳气外泄，为冬天的"养藏"打好基础。

冬天阴盛阳衰，人们应该减少户外活动，保暖保温。冬天尽管天寒地冻，但是一丝阳气也会随着阳光洒下（这就是《周易》说的"一阳来复"）。因此冬天经常晒太阳，是养藏的好办法："早卧晚起，必待日光。"在冬天如果阳气消耗过大，就会伤及肾脏，并在春天发作，形成"痿厥"之病。如果冬天"养藏"没有做好，到了春天，"则奉生者少"。如此恶性循环，颐养身体怎么能够实现呢？

（二）五气、五味与五脏

孙思邈说："人有五脏，化为五气，以生喜怒悲忧恐，故喜怒伤气，寒暑伤形，暴怒伤阴，暴喜伤阳。故喜怒不节，寒暑失度，生乃不固。"② 五气，指喜、怒、悲、忧、恐五种情绪；五味，指酸、苦、辛、咸、甘五种滋味；五脏，指脾、肺、肝、心、肾。孙思邈认为五气应该平和，否则将损伤阴阳，他提倡"忍怒以全阴，抑喜以养阳"③。同时，他认为，五味也应该中和，这样才能不伤害五脏："五味不欲偏多，故酸多则伤脾，苦多则伤肺，辛

---

① 孙思邈：《备急千金要方》，北京：人民卫生出版社1955年版，第477页。
② 同上。
③ 同上书，第478页。

多则伤肝，咸多则伤心，甘多则伤肾，此五味克五脏五行，自然之理也。"①

在现实生活中，管控情绪，排除滋味的引诱不易做到的原因，既是养性的功夫不够，又是因为人们在短期内不易感受这些因素对五脏的伤害，所以孙思邈强调说："凡言伤者，亦不即觉也，谓久则损寿耳。"②

（三）颐养先养性

什么是性呢？性就是指先天纯善之体，经过后天的习染而形成的性情。习染者善，则性情光明、豁达、厚道；习染者恶，则性情阴暗、狭隘、刻薄。所谓养性，就是洗去被后天污染的本性，回归先天的纯善（赤子之心）。养性与颐养的关系，孙思邈说得最好：

> 夫养性者，欲所习以成性，性自为善，不习无不利也。性既自善，内外百病自然不生，祸乱灾害亦无由作，此养性之大经也。善养性者则治未病之病，是其义也。故养性者，不但饵药餐霞，其在兼于百行，百行周备，虽绝药饵足以遐年。③

意思是说，养性就是在平常的一言一行中培养仁善的习性，有了它，你的生活事业没有不顺利的。一个善良的人，内心平和，自然不会生病；与人友善，自然不会受到别人的攻击。培养仁善的习性，是养性的关键啊。

那么，养性与养生的关系何在呢？孙思邈说："善养性者则治未病之病，是其义也。"所以，养性就要在日常生活的方方面面中修习德行，"百行周备"，即使不依靠药物也可以长寿。反之，不注意培养仁善的习性，"纵服玉液金丹未能延寿"④。药物可以修复损伤的器官，锻炼或饮食方面的颐养之术可以恢复身体的神气，但是不懂颐养之道，修习德行，管控情绪，见善去恶，"抱病历年而不修一行"⑤，就算古代的神医岐伯再世，也不能使你健康。

（四）得道者寿

孙思邈说："道德日全，不祈善而有福，不求寿而自延，此养生之大旨也。"⑥那么，什么才能称为"道德日全"呢？他引用岐伯的话说："上古之人，其知道者，法则阴阳，和于术数，饮食有节，起居有常，不妄作劳，故能形与神俱，而尽终其天年，度百岁乃去。"⑦岐伯说的这些得道之法，只要长期践行，就可以"道德日全"，但是做到却是很难，因为在现实生活中，人们无不受到以下因素的困扰。嵇康曰："养生有五难，名利不去为一难，喜

---

① 孙思邈：《备急千金要方》，北京：人民卫生出版社 1955 年版，第 477 页。
② 同上。
③ 同上书，第 476 页。
④ 同上。
⑤ 同上。
⑥ 同上。
⑦ 同上书，第 477 页。

怒不除为二难，声色不去为三难，滋味不绝为四难，神虑精散为五难。"①

其实，得道的过程，就是远离名利、喜怒、声色、滋味干扰的过程，也是治身的过程。人生在世，不可能不去追求名利，而喜怒、声色、滋味也是正常的人生滋味，不可或缺，区别只在于是否拿得起放得下。"圣人"能够做到"恬澹虚无，真气从之，精神内守，病安从来"②，就是长期治身的结果。"圣人之治身"，是怎样一种情形呢？岐伯说：

> 是以其志闲而少欲，其心安而不惧，其形劳而不倦，气从以顺，各从其欲，皆得所愿。故甘其食，美其服，乐其俗，高下不相慕，故其民曰朴，是以嗜欲不能劳其目，淫邪不能惑其心，愚智贤不肖不惧于物，合于道数，故皆能度百岁而动作不衰者，以其德全不危也。③

> 故曰：知之则强，不知则老。故同出名异，智者察同，愚者察异。愚者不足，智者有余。有余则耳目聪明，身体强健，年老复壮，壮者益理。是以圣人为无为之事，乐恬淡之味，能纵欲快志，得虚无之守，故寿命无穷，与天地终。此圣人之治身也。④

志闲（指从容不迫）、心安、气顺、劳而不倦、察同去异，这是治身的基本功课。只有深刻体悟圣人的"治身"之道，把生命放在最高的位置，正确处理身体与名利、好恶等人生欲望的关系，才能合于道数，"寿命无穷"。

（五）戒勒身心，常修善事

颐养先养性，孙思邈认为养性的首要条件在于"自慎"。他在《摄养枕中方·自慎》中首先说："故养性之士，不知自慎之方，未足与论养生之道也。故以自慎为首焉。"⑤ 此"自慎"是"戒勒身心，常修善事"的意思：

> 但能少时内省身心，则自知见行之中皆长诸疴，将知四百四病，身手自造，本非由天……故有智之人，爱性命者，当自思念，深生耻愧戒勒身心，常修善事也。⑥

关于如何"养慎"，孙思邈认为应该效法古代那些得道之人："上古之人，其知道者，法则阴阳，和于术数，饮食有节，起居有常，不妄作劳，故能形与神俱，而尽终其天年，度百岁乃去。"⑦ 可见，孙氏认为"养慎"才能"养性"，养性"足以遐年"，否则"未能延寿"。

---

① 孙思邈：《备急千金要方》，北京：人民卫生出版社1955年版，第476页。
② 同上。
③ 同上。
④ 同上书，第477页。
⑤ 张君房编，李永晟点校：《云笈七籖》，北京：中华书局2003年版，第734页。
⑥ 孙思邈：《备急千金要方》，北京：人民卫生出版社1955年版，第479页。
⑦ 同上书，第476页。

那么，如何做到"自慎"，即如何做到"戒勒身心，常修善事"，从而达到颐养身心的目的呢？孙思邈在《千金要方·养性》中提出了如下的具体方法："故善摄生者，常少思、少念、少欲、少事、少语、少笑、少愁、少乐、少喜、少怒、少好、少恶。行此十二少者，养性之都契也。"① 都契，就是要义、要诀的意思。孙思邈说的"十二少"，其实是强调颐养身心要培养一种中庸平和的意识和习性，并不是完全否定人生中必不可少的这些行为，其要义还是要求人们尽可能地控制情绪和多做好事。

"十二少"的反面是"十二多"，我们在实际生活中都会体会到它的害处：

多思则神殆，多念则志散，多欲则志昏，多事则形劳，多语则气乏，多笑则脏伤，多愁则心慑，多乐则意溢，多喜则忘错昏乱，多怒则百脉不定，多好则专迷不理，多恶则憔悴无欢。此十二多不除，则营卫失度，血气妄行，丧生之本也。②

为了防止"十二多"带给人们的害处，孙思邈进一步提出了"守五神""从四正"的观点："既屏外缘，会须守五神肝、心、脾、肺、肾，从四正言、行、坐、立，言最不得浮思妄念，心想欲事，恶邪大起，故孔子曰：'思无邪也。'"③ 可见，孙思邈的养生智慧，是以"自慎"也就是以"戒勒身心，常修善事"为中心的。此处所说的"十二少""思无邪"也都是在强调"戒勒身心"之于颐养身心的重要性和具体方法。

二、道经中的颐养策略

（一）五情、五脏、五腑

古人把情绪归纳为怒、喜、思、悲（忧）、恐等五类，谓之五情，并对应五脏（肝、心、脾、肺、肾）、五腑（胆、小肠、胃、大肠、膀胱）。古代颐养家认为，五情与五脏、五腑具有相互对应、相互影响的关系：

五行	木	火	土	金	水
五脏	肝	心	脾	肺	肾
五腑	胆	小肠	胃	大肠	膀胱
五神	魂	神	意	魄	志
五情	怒	喜	思	悲（忧）	恐

---

① 孙思邈：《备急千金要方》，北京：人民卫生出版社1955年版，第478页。
② 同上。
③ 同上。

理解并运用情绪与脏腑之间的对应以及相生相克关系,对于颐养身体具有重要意义。比如肺为金,金克木,木为肝,肺之怒气伤肝,就是情绪伤害脏腑的例子。对此,《黄庭内景五脏六腑图》提出了"收思敛欲,合仁育义不怒"的解决之道:"肺气之义,其性怒,金性刚而主怒……人之怒者,盖发于肺脏。欲安其魄而存其形者,当收思敛欲,合仁育义不怒。"① 推而广之,喜伤心,思伤脾,悲伤肺,恐伤肾,道理也是如此:如果五脏生病,将导致相应之情绪失调;情绪失调,亦将促使相应脏腑更加虚弱,这是五情与五脏、五腑对应的恶性循环;反之,它们之间的良性循环也会推动情绪与府藏向着好的方向发展。

就像沙砾进入会减损发动机的寿命一样,怒、喜、思、悲(忧)、恐等情绪长期存在于体内,则会损坏器官的健康。因此,平静而祥和的气息,是滋养身心的润滑剂,善养和气是长寿的前提条件。

(二)饮食自然

所谓"饮食自然",在道家看来,就是在饮食活动中应该执守自然之道:

> 自然之道,何所不知,何所不化,动错自无所私。饮食天厨,衣服精华,欲复何求,是太上之君所行也。②

什么是"饮食天厨"呢?就是说人类的饮食活动应该建立在生态和谐的基础上。道家认为,只有在保持良好生态状况的大自然中,人类才能够找到颐养生命的丰富的天然食物。他们提倡在大自然中寻求天然、绿色的颐养资源:

> 南阳郦县山中有甘谷水,谷水所以甘者,谷上左右皆生甘菊,菊花堕其中,历世弥久,故水味为变。其临此谷中居民,皆不穿井,悉食甘谷水,食者无不老寿,高者百四五十岁,下者不失八九十,无夭年人,得此菊力也。③

当然,今人面临的生态环境已经非同往昔,要获得大量天然的绿色食物,就必须付出更多的努力以改善被破坏的生态环境。因为,没有天地(自然生态系统)的"长生",也就不可能有人类的"长生"。

除了"饮食天厨"外,"饮食自然"还有一个重要内涵,就是"饮食本分"。唐代道人司马承祯说:

---

① 《道藏》第4册,北京:文物出版社,上海:上海书店,天津:天津古籍出版社1988年版,第836页。
② 王明编:《太平经合校》,北京:中华书局1960年版,第595页。
③ 王明编:《抱朴子内篇校释》,北京:中华书局1985年版,第205—206页。

外求诸物,内明诸己,知生之有分,不务分之所无……蔬食弊衣,足延性命,岂待酒食罗绮,然后为生哉!是故于生无要用者,并须去之;于生虽用有余者,亦须舍之。财有害气,积则伤人,虽少犹累,而况多乎?①

司马承祯所谓"知生之有分",是说人们的生命所需,是有一定限量、符合"自然"分配原则的;"不务分之所无""于生无要用者,并须去之",是说如果为追求美味而过度饮食,则既伤害身体健康,亦浪费生态资源。

那么,如何做到"饮食本分"呢?古人认为应该从以下几个方面加以注意。

第一,宜少不宜多。古代著名养生家葛洪主张"节量饮食"就是这个意思,"少"的标准是"食不欲过饱""饮不欲过多"。为此,古人总结了一些行之有效的饮食原则(下举两条):一是少食多餐,"食欲少而数,不欲顿多难销"②;二是提前饮食,"先饥乃食,先渴而饮"③。提前饮食,对保护人体器官是非常重要的。否则,"恐觉饥乃食,食必多;盛渴乃饮,饮必过"④。同时,饥渴过度对身体的伤害是非常严重的。

第二,熟胜于生。这里的"熟",题中应有之意是指食物本身要烹制成熟。因为热食、熟食不但能够"灭腥去臊除膻"⑤,而且可以消除食物中的细菌,有利于健康;还有一层含义是指"百味未成熟勿食"⑥,这是古人"道法自然"思想在饮食文化方面的体现。只有自然成熟的食材,才是有利于人类健康的。例如土豆、西红柿和一些菌类等在没有完全成熟之前,是不宜食用的。

第三,宜素不宜荤。这是古人总结颐养经验对饮食结构所提出的判断。《孔子家语》说:"食肉者,勇敢而悍(虎狼之类);食气者,神明而寿(仙人、灵龟是);食谷者,智慧而夭(人也);不食者,不死而神(直任喘息而无思虑)。"⑦之所以古人认为素胜于荤,是因为人的肠道数倍于肉食动物,蔬菜水果等易于被吸收,获得能量快,而食用肉类获得能量慢,消耗能量大,其间自然有了高低之分。其实,人类对素食、荤食都是需要的,采用什么样的饮食结构要根据每个人的个体差异来决定,还是要道法自然。当你想吃肉的时候,说明你的身体需要蛋白质,这时你去吃素,就可能违背了身体需要的自然,损害身体。

第四,养内重于养外。什么是养内呢?龚廷贤说:"养内者,以恬脏腑,调顺血脉,使一身之流行冲和,百病不作。"⑧与之相反,"养外者,恣口腹之欲,极滋味之美,穷饮食之

---

① 《道藏》第 22 册,第 894 页。
② 《道藏》第 18 册,第 478 页。
③ 同上。
④ 同上。
⑤ 高诱注:《吕氏春秋》,《诸子集成》第 6 册,北京:中华书局 1978 年版,第 141 页。
⑥ 司马承祯:《天隐子》,上海:上海古籍出版社 1990 年版,第 10—11 页。
⑦ 《道藏》第 21 册,第 699 页。
⑧ 龚廷贤:《寿世保元》,太原:山西科学技术出版社 2006 年版,第 124 页。

乐……酷烈之气，内蚀脏腑，精神虚矣。安能保全太和，以臻遐龄"①。由此可见，养内和养外，一个是遵循脏腑需求之自然，一个是满足口腹过分之欲望，其于颐养之差别大矣。

（三）爱气、尊神、重精

人的生命是形体与精气神的结合，结合得越好，生命越健康。《太平经》说：

夫人本生混沌之气，气生精，精生神，神生明。本于阴阳之气，气转为精，精转为神，神转为明。欲寿者当守气而合神、精，不去其形。②

神者乘气而行，精者居其中也，三者相助为治。故人欲寿者，乃当爱气、尊神、重精也。③

爱气、尊神、重精，后来成为中国人颐养生命所遵循的修养法则。那么，怎么做到"爱气、尊神、重精"呢？古人总结了丰富多彩的修养功法，其中最为重要的是"守一"法。人把"气"称为"元气"，又称为"一"，使形体与精神相互依存，合而为一，叫作"守一"。《太平经》说："人有一身，与精神常合并也。形者乃主死，精神者乃主生，常合即吉，去则凶。无精神则死，有精神则生。常合即为一，可以长存也。"④

在精气神三者中，元气是第一性的，是生命的基础，精和神依元气的兴旺而兴旺，依元气的衰亡而衰亡。《太平经》认为"故人有气则有神，气绝即神亡"⑤。

因此，守一法的要点在于保护好人身之元气，进而保护好人身之精、气、神。守一法主要在道门传授，普通人学习此法亦难亦不难，难的是具体技法必须专人传授。但是从道家经典《太平经》对守一功法的介绍，我们也能够知道一二门径，自己揣摩践行，仍然可以达到颐养身体的目的。

守一功法以端坐、安卧两种姿势为主："予欲养老，守一为早，平床坐卧，与一相保。"⑥ 在修炼守一功法的时候，要做到环境安静清洁、心志专一沉稳、身姿舒适自然，平常注重道德修养，持之以恒："始思居闲处，宜重墙厚壁，不闻喧哗之音。"⑦ "夫欲守一，喜怒为疾，不喜不怒，一乃可睹。"⑧ "宜有其心，持老不违，明其所为，各见其功，各进所知。"⑨

---

① 龚延贤：《寿世保元》，太原：山西科学技术出版社2006年版，第124页。
② 王明编：《太平经合校》，北京：中华书局1960年版，第733页。
③ 同上书，第728页。
④ 同上书，第716页。
⑤ 同上书，第96页。
⑥ 同上书，第741页。
⑦ 同上书，第740页。
⑧ 同上书，第741页。
⑨ 同上书，第614页。

以上这些原则，我们在静坐、自我按摩、打太极拳时都可以借鉴并运用，是极有好处的。守一法的核心，笔者认为可以用"静""专""沉""聚"四个字概括，目的在于聚人生之元气，使形体与精气神相抱相依，达到颐养天年的目的。

（四）善养和气

人之元气，受个人修养、外界环境的影响，或化为和气，或化为戾气。和气运于体内滋养器官，行之在外面如春风，欢喜众人，故能长寿。戾气则反之，"言悖而出者，亦悖而入"①。你说出去的是粗言，回敬你的多半是秽语，气如何得顺？所以善养和气的关键还是品格的塑造。和气，就是中和之气，就是正气。曾子认为要避免"忿懥""恐惧""好乐""忧患"等情绪的干扰，才能保持不偏，得到正气。

《老子道德经河上公章句》说："万物之中皆有元气，得以和柔，若胸中有藏，骨中有髓，草木中有空虚，和气潜通，故得长生也。"② 和气的特征是柔和、平静和具有弹性。这种气息"潜通"于体内，充实于胸中，内外柔静，柔则魂安、静则神在，"故得长生也"。《老子河上公章句》说："人能知和气之柔弱，有益于人者，则为知道之常也。"③

体会到了长生不老、益寿延年之道的常理，善养平和之气，以柔和、平静和具有弹性（宽容）的态度对待、处理生活中的人与事，不但有利于自己的个人修养，而且可以营造非常和谐的人文环境，提高生活质量。《老子道德经河上公章句》说："人生含和气，抱精神，故柔弱也。"④ 柔弱，不是软弱，而是"含和气，抱精神"的结果，是生命旺盛的表现："柔弱者生。"⑤ 相反，"人死和气竭，精神亡，故坚强也"⑥，"坚强者死"⑦。河上公对宇宙万物的生死存亡作了如下描述和解释："人之生也柔弱，其死也坚强。万物草木之生也柔脆——和气存也；其死也枯槁——和气去也。"⑧

"和气长寿"，是中国颐养学的基本原理，也是自然之道的一般原则，"天地之间空虚，和气流行，故万物自生"⑨。因此，"心当专一和柔而神气实内"⑩。要实现颐养天年的美好愿望，应该先从"善养和气"做起。

（五）炼心、闭心、洗心

所谓炼心，即对心性的锻炼，在颐养生命中居有很重要的地位。因为通过濯洗心田能摆脱名利、喜怒、声色、滋味等外界诱惑对人的干扰，从而使人的心灵达到晶莹光洁、一尘不

---

① 朱熹：《四书章句集注》，北京：中华书局1983年版，第11页。
② 王卡点校：《老子道德经河上公章句》，北京：中华书局1993年版，第169页。
③ 同上书，第212页。
④ 同上书，第292页。
⑤ 同上。
⑥ 同上。
⑦ 同上。
⑧ 同上。
⑨ 同上书，第18页。
⑩ 同上书，第212页。

染的理想境界。如果说颐养天年是对生命形体的延长,那么心性修炼就是扩充、纯化了生命的内蕴,使生命的质量得到了提升。

炼心,应该从哪里着手呢?古人认为,使心达到纯善和光明的状态,就是心性修炼的途径和目的。心为纯阳,象征着天,与天同光,乃是纯善之境,因此纯善与光明又是合二为一的。道家经典《太平经》说:

> 凡事居人腹中,自名为心。心则五脏之王,神之本根,一身之至也。主执为善,心不乐为妄内邪恶也。①
> 心者纯阳,位属天;脾者纯阴,位属地。②
> 心者,最藏之神尊者也。心者,神圣纯阳,火之行也。③
> 人心之为神圣,神圣人心最尊真善。④

《太平经》这种对心的认识,对于颐养身心具有重要启示:心为五脏之王,心主善,与各种虚妄邪恶格格不入,因此心之为善,对于五脏的保护是多么重要;心为光明,与各种阴暗狭隘格格不入,因此心之光明正大,可以使人们精力充沛,自强不息。

那么,怎样才能使心达到纯善和光明的状态呢?道家经典著作《老子想尔注》和《老子道德经河上公章句》提出了两个方法,一是闭心,一是洗心。所谓闭心,即使心与各种邪恶利欲及纷乱思虑相隔离,使心灵保持纯善的状态,达到一种平和安详的心境:"仙士闭心,不思虑邪恶利德,若昏昏冥冥也。"⑤

《老子想尔注》所说的闭心,并不是要远离社会生活,而是对那些扰乱人心的名利、喜怒、声色、滋味等外界诱惑漠然视之(若昏昏冥冥也),从而保持纯善光明的心体。所谓洗心,就是通过洗去情欲和习染,使心地洁净:

> 当洗其心使洁净也。心居玄冥之处,览知万事,故谓之玄览也。⑥
> 治身者当除情去欲,使五藏空虚,神乃归之。⑦

洗去了社会生活带来的各种习染,自然就回归到纯善光明的初心。

---

① 王明编:《太平经合校》,北京:中华书局1960年版,第687页。
② 同上书,第426页。
③ 同上。
④ 同上书,第678页。
⑤ 饶宗颐:《老子想尔注校证》,上海:上海古籍出版社1991年版,第26页。
⑥ 王卡点校:《老子道德经河上公章句》,北京:中华书局1993年版,第35页。
⑦ 同上书,第41页。

(六) 形神兼养

人生天地之间，形与神或身与心的养护，是古人非常注意的一个问题。首先，古人认为，形与神、身与心是相互依存、不可分离的关系。《无上秘要》说："神生形，形成神。形不得神而不能自生，神不得形而不能自成。"① 其次，古人强调，身体和精神都不能过劳，无论形神，过劳则弊。司马谈《论六家要旨》说："凡人所生者神也，所托者形也。神大用则竭，形大劳则敝，形神离则死。"② 第三，古人认为，身体和精神应该保持平和，不宜躁动。司马谈又说："形神骚动，欲与天地长久，非所闻也。"③ 唐代道士吴筠指出："人之所生者神，所托者形。方寸之中，实曰灵府，静则神生而形和，躁则神劳而形毙。"④

关于神形关系、神形兼养等问题，《杂著捷径》和《道枢》说得最为精辟，读者细细体悟践行，当获益匪浅：

> 精者，神之本；气者，神之主；形者，神之宅也。故神太用则歇，精太用则竭，气太劳则绝。是以人之生者，神也；形之托者，气也。若气衰则形耗，而欲长生者，未之闻也。……身劳则神散，气劳则命终，形瘦则神毙，神毙则精灵游矣。⑤
>
> 形神合同，更相生，更相和成，斯可矣。⑥
>
> 夫长生者，神与形俱全者也。……形器者，性之府也，形器败，则性无所存矣。养神不养形，犹毁宅而露居者欤！⑦

形，指身体，包括四肢及脏腑；神，指精神、思虑、情绪等。身体健康，自然神清气爽，两者相辅相成，所以"养神"和"养形"缺一不可，否则"形瘦则神毙"，因此神形兼养是非常重要的。形神之间的这一关系也体现在五情与五脏、五腑的相互影响中。

(七) "炼己于尘俗"与人事养生法

《周易》说"穷理尽性以至于命"。儒家高屋建瓴，强调"穷理"，认为搞懂了天地万物和为人处世的道理，其他的问题将迎刃而解，所以"罕言性命"。道家内丹修炼家则认为，"穷理"之外应该加强对元气（命功）和心性（性功）的修炼，这就是"性命双修"。到了清末，道家内丹学家黄裳（元吉）提出"静处炼命，动处炼性"⑧，倡导"炼己于尘俗"。什么是"动处炼性"呢？他说："视听言动，必求中礼；喜怒哀乐，必求中节；衣服饮食，必求

---

① 《道藏》第 25 册，第 15 页。
② 司马迁撰，裴骃集解，司马贞索隐，张守节正义：《史记》第 10 册，北京：中华书局 1982 年版，第 3292 页。
③ 同上书，第 3289 页。
④ 《道藏》第 23 册，第 661 页。
⑤ 《道藏》第 4 册，第 707 页。
⑥ 《道藏》第 20 册，616 页。
⑦ 同上。
⑧ 《藏外道书》第 25 册，成都：巴蜀书社 1994 年版，第 733 页。

适宜。"① 又回到了儒家修习伦理道德和行为规范上来。什么是"炼己于尘俗"呢？就是在社会生活实际中去磨炼心性。如果"只在深山静养，不与人事"②，"一遇事故，不免神驰气散，贪嗔痴爱，纷纷而起"③。所以，只有在错综复杂的人事关系中，在盛衰荣辱的人生际遇中，在跌宕起伏的社会生活中，才能真正达到磨炼心性的目的。

早在唐代，著名的道教医学家孙思邈就提出了人事养生的命题。孙思邈说：

胆欲大而心欲小，智欲圆而行欲方。

心为五脏之君，君以恭顺为主，故心欲小。胆为五脏之将，将以果决为务，故胆欲大。智者动象天，故欲圆。仁者静象地，故欲方。《诗》曰"如临深渊，如履薄冰"，为小心也。"赳赳武夫，公侯干城"，为大胆也。《传》曰"不为利回，不为义疚"，仁之方也。《易》曰"见几而作，不俟终日"，智之圆也。④

孙思邈在这里指出了人事养生的四个原则（胆大、心小、智圆、仁方）并做了形象的比喻：心小，即小心，指谨慎和柔顺，因为心志太强，过于主观，往往容易把事情做坏，也对心脏的健康不利。胆大，指行为要果断、有力，不能优柔寡断，才能办好事。《淮南子·原道训》"志弱而事强，心虚而应当"⑤，和孙思邈说的是一个意思。仁之方也，指仁爱正直，不为利益所动；智之圆也，指发现人事变化的苗头，及时做出妥善的应对。智慧圆融无碍，行为光明正大，不为利回，不为义疚，内心无愧、无憾，则气壮、神旺，这就是人事养生的秘诀。

（八）及吾无身，吾有何患

当今社会，新技术迅猛发展，带来社会形态和心态的急剧变化，在你追我赶、竞争激烈的生活生存环境中，静心读一读古代先哲对人生的理解，体会一下道家倡导的"抱朴守真"、儒家倡导的"复性"，是可以找到医治心理失衡、人性异化的良药的。

抱朴守真是道家所追求的最高境界。"真""朴"即未经雕琢装饰的天然状态，也就是纯朴天真的自然本性，它和儒家要恢复的先天之"性"（纯善至美的人性）的主张是殊途同归的。"人之初，性本善"，及生之后，受到各种社会影响渐渐失去本性，从而在喜怒哀乐贪嗔痴等情绪欲望中产生种种人生困惑和生理疾病。

如果说"抱朴守真"和"复性"是一条难以企及的人性回归之路，那么道家"及吾无身，吾有何患"的豁达观，对现代人的心理健康治疗则具有较强的实践意义。《老子》第十三章说：

---

① 《藏外道书》第 25 册，成都：巴蜀书社 1994 年版，第 733 页。
② 同上书，第 699 页。
③ 同上书，第 733 页。
④ 李昉等编：《太平广记》，北京：中华书局 1961 年版，第 1669–1670 页。
⑤ 高诱注：《淮南子》，《诸子集成》第 7 册，北京：中华书局 1954 年版，第 8 页。

"吾所以有大患者，为吾有身，及吾无身，吾有何患！"① "及吾无身"，是说不要过于关注自身、看重自己，要淡化小我，亲和他人与自然，否则，以自我为中心（为吾有身），烦恼、孤独、焦虑等心理障碍（大患）就产生了。由此，老子进一步提出了"为人""与人"的利他主义："既以为人，己愈有，既以与人，己愈多。"② 在社会生活中，人们都有自尊的需求和自我实现以及自我超越的需求，这些需求只能在帮助他人和献身社会生活中才能实现。因此，"为人""与人"的利他行为将会给主体带来"己愈有""己愈多"的精神充实、自我肯定等积极的心理感受。而这些积极的心理感受对促进心理健康和提升人生境界的作用是显而易见的。当我们遇到烦恼、孤独、焦虑等心理障碍的时候，试着将关注的角度从自我转向他人，试着将考虑的范围从身边转向社会，格局自会远大，心胸自会开阔，忧患自会消减。《庄子·秋水》说："计四海之在天地之间也，不似礨空之在大泽乎？计中国之在海内，不似稊米之在大仓乎？号物之数谓之万，人处一焉。……不似毫末之在于马体乎？"③ 庄子认为，在浩渺的宇宙之中，连"中国"都像"稊米"一样微小，你又何必把个人的成败得失看得那么重呢？

三、儒道两家的颐养体验

（一）孔子、孟子论养生

孔子对饮食提出了非常高的要求，把饮食行为纳入"礼"的范畴，他说：

> 食不厌精，脍不厌细。食饐而餲，鱼馁而肉败，不食。色恶，不食。臭恶，不食。失饪，不食。不时，不食。割不正，不食。不得其酱，不食。肉虽多，不使胜食气。唯酒无量，不及乱。沽酒市脯不食。不撤姜食，不多食。④

孔子这些规定是为了合于什么礼仪，我们这里不去深究，但是孔子对饮食提出的"精细""新鲜""按时""色正""美观""无多食""不乱酒"等要求对颐养身体是不无助益的。

孔子学说的集大成者孟子主张"养气"。"养气"就是加强精神和道德的修养。他说："吾善养吾浩然之气。"⑤ "浩然之气"就是正气和光明之气，就是元气。元气充足，自然健美，这是养生的至理。因此，孟子又说："充实之谓美。"孟子把"养气修性"放在了头等重要的位置。一个人如果只修命不修性是不足取的，这种人只能称为"小人"："体有贵贱，有

---

① 王弼注，楼宇烈校释：《老子道德经注校释》，北京：中华书局2008年版，第29页。
② 同上书，第192页。
③ 郭庆藩辑，王孝鱼整理：《庄子集释》，北京：中华书局1961年版，第563—564页。
④ 朱熹：《四书章句集注》，北京：中华书局1983年版，第119—120页。
⑤ 同上书，第231页。

小大。无以小害大，无以贱害贵。养其小者为小人，养其大者为大人。"① 可见，作为一位兼顾养性与摄生的大养生家，孟子是主张修性第一，修命第二的。

（二）老庄论养生

说到中国颐养学，绕不开道家；说到道家，首推老庄。老子关于颐养的思想精髓，读者只要抓住"虚""静""柔"几个要点就可以有所获益。《老子》说：

虚其心，实其腹。②
专气致柔，能婴儿乎？③
致虚极，守静笃。④

从颐养的角度理解老子的意思，应该是心胸要宽阔，处世要冷静，为人要随和，从而守住元气（专气），颐养天年。也有学者认为，"《老子》的长寿养生秘诀就是清除杂念，呼吸柔和，大脑归静"⑤。老子这些颐养的见解，被后世服气、守静和内丹等方术奉为经典。老子也被尊为养生之祖："世或以老子之道，为可以度世。恬淡无欲，养精爱气。夫人以精神为寿命，精神不伤，则寿命长而不死。成事，老子行之，逾百，度世为真人矣。"⑥

庄子关于养生的论述大致可以用"养神""守静"之道和"全生""尽年"之术来概括：

故曰纯粹而不杂，静一而不变，淡而无为，动而以天行，此养神之道也。⑦
为善无近名，为恶无近刑。缘督以为经。可以保身，可以全生，可以养亲，可以尽年。⑧

如果说"全生""尽年"之术只是人生或保命哲学的话，那么"养神""守静"之道则体现了庄子"虚静宁神"和"守气固精"的养神思想和养气观念，对中国颐养学是有独特贡献和启迪的。

（三）苏轼以德养生

在伟大的文学家、书画家、政治家之外，苏轼还有一个称呼，就是杰出的养生家。他善于吸收传统养生精华，形成了自己以德养生的思想体系。

---

① 朱熹：《四书章句集注》，北京：中华书局 1983 年版，第 334 页。
② 王弼注：《老子道德经注校释》，北京：中华书局 2008 年版，第 8 页。
③ 同上书，第 22 页。
④ 同上书，第 35 页。
⑤ 周世荣：《金石瓷币考古论丛》，长沙：岳麓书社 1998 年版，第 212 页。
⑥ 王充：《论衡》，上海：上海人民出版社 1974 年版，第 113 页。
⑦ 郭庆藩辑，王孝鱼整理：《庄子集释》，北京：中华书局 1961 年版，第 1086 页。
⑧ 同上书，第 115 页。

第一，养生必先养德。只有多做善事，积累"阴功"（默默行善），才能提升养生的效果。苏轼曾对老友陈季常说，我虽然吃了灵芝这样的仙药，但是由于没有你对国家的贡献大，养生的效果还是不如你啊："某虽窃食灵芝，而君为国铸造，药力纵在君前，阴功必在君后也。"①

第二，养生不是人人可为之事。只有品行无瑕疵的人，才能学习养生。他对张安道说："神仙至术，有不可学者。一忿躁，二阴险，三贪欲。公雅量清德，无此三疾，切谓可学。"② 与"忿躁"相反的是平静，苏轼认为，平和安静乃养心之要，他说："道术多方，难得其要。然以某观之，唯能静心闭目，以渐习之……数为之，似觉有功。幸信此语。使真气云行体中，瘴冷安能近人也。"③ 与"阴险"（阴郁）相反的是达观，苏轼认为，应除去阴险之心、阴郁之气，乐观逍遥，才是养生的正解。他指出："任性逍遥，随缘放旷，但尽凡心，无别胜解。"④ 与"贪欲"相反的是无欲，是简朴的生活，苏轼说：

> 张君持此纸求仆书，且欲发药。君当以何品。吾闻战国中有一方，吾服之有效，故以奉传。其药四味而已。一曰无事以当贵，二曰早寝以当富，三曰安步以当车，四曰晚食以当肉。⑤

对贵、富、车、肉的追求或欲望，在旷达乐观的苏轼眼里不过如此，都可以通过简单健康的方式实现。仁者乐山，智者乐水。有德如苏轼者，无论生活境遇如何，都会以积极乐观的心态对待之。正如他在《超然台记》中所说：

> 凡物皆有可观。苟有可观，皆有可乐，非必怪奇伟丽者也。铺糟啜漓皆可以醉，果蔬草木皆可以饱。推此类也，吾安往而不乐。⑥

---

① 苏轼撰，孔凡礼点校：《苏轼文集》，北京：中华书局1986年版，第1566页。
② 同上书，第2336页。
③ 同上书，第1518页。
④ 同上书，第1518页。
⑤ 同上书，第2080页。
⑥ 同上书，第351页。

高道玄韵

关注中国道教现状，推进道教文化建设
——访中国道教协会咨议委员会副主席丁常云道长

采访人：褚国锋[*]

访谈按语：

2018年10月12日至14日，由中央社会主义学院主办、四川省社会主义学院承办、清华大学道德与宗教研究院协办的"改革开放四十周年宗教工作理论与实践"学术研讨会在四川省社会主义学院召开。借此机会，2018年10月12日下午，采访人就当代道教研究与发展的若干问题，对丁常云道长进行了访谈。

丁常云，现为中国道教协会咨议委员会副主席、上海市道教协会副会长、上海市浦东新区道教协会会长、《上海道教》杂志主编、上海钦赐仰殿道观住持、上海市政协常委、上海市政协民宗委副主任、中国宗教学会理事，著有《弘道扬善——道教伦理及其现代价值》（2006）等多部论著。

褚国锋（以下简称褚）：尊敬的丁会长，欢迎您来成都！2018年6月2日，浦东道教文化研究所在上海正式成立。《联合时报》《道教之音》等媒体对此事进行了报道。这是继中国道教协会道教文化研究所、香港青松观全真道研究中心、香港蓬瀛仙馆道教文化中心等机构之后，我国道教界新成立的道教研究机构。想请您介绍下它的缘起、机制、规划、团队等。

丁常云（以下简称丁）：成立浦东道教文化研究所是我们浦东道教界多年的夙愿。作为发起人和负责人，我在经多年思考的基础上，广泛听取主管部门、道友及学者们的宝贵建议，待各方面条件均成熟后才决定成立的。

之所以要成立研究所，主要基于三个方面的考虑。第一，当代道教是一个亟待加强的研

---

[*] 褚国锋，四川大学道教与宗教文化研究所2017级博士研究生。

究领域。目前，这个领域仅有几部著作。它们是李养正先生的《当代中国道教（1949—1992）》（1993）、《当代道教》（2000）、袁志鸿道长的《当代道教人物》（2000）、黄永锋教授的《道教在当代中国的阐扬》（2011）等。自2008年起，《中国宗教报告》也会有专章对年度道教发展情况进行回顾和评析。当代道教是一个十分值得关注的问题，里面有太多值得思考与研究的课题。学术界和道教界都应该对当代道教的现状予以更多关注，对未来进行更多思考。第二，借鉴近现代佛教的成功经验。佛教能够成功转型并保持良好发展态势，同教内人士与教外学者对佛教的一系列前瞻性思考密不可分，尤其是一些高端信徒进入佛门，有力推动了佛教的发展。他们的许多做法非常值得学习。第三，我自从走上道教管理工作岗位后，一直关注当代道教问题。对于《历代高道传》的编撰工作，应该说在十多年前，我就在思考并筹划，并广泛听取相关专家及学者的意见和建议，特别是著名道教学者陈耀庭先生给予了极大的支持与指导，促成我下决心要做好此项工作。当然，这是一项系统工程，需要一个机构来支持。

浦东道教文化研究所由上海市浦东新区道教协会和钦赐仰殿道观联合成立。钦赐仰殿道观将对研究所予以经济等方面的支持。该研究所的宗旨是：在爱国爱教的基础上，以研究当代道教、探索道教与当代社会的关系、促进道教事业健康发展为中心，致力于传承和弘扬道教优秀文化，助推中华文化繁荣发展，促进道教与社会主义社会相适应。同时，研究所除了编撰《历代高道传》、整理《申报》中的道教史料之外，主要致力于当代道教研究，重点围绕三个方面来展开工作：一是道教的自身建设问题，二是道教与当代社会的关系问题，三是道教的未来发展问题。

为确保研究的水准与可持续性，浦东道教文化研究所特别注重与学术界的合作，专门成立了"顾问委员会"和"学术委员会"。顾问委员会聘请陈耀庭先生和李光富会长担任主任。学术委员会由资深学者、学界新秀和教内研究者联合组成。他们主要负责指导学术研究，评估学术研究成果。研究所得到了上海市宗教学会、上海市社会科学院宗教研究所等学术机构的大力支持。厦门大学黄永锋教授向我们推荐了上海社会科学院哲学研究所的白照杰博士。白照杰博士毕业于澳门大学，已出版专著《整合及制度化：唐前期道教研究》（2018）、译著《李白与中古宗教文学研究》（2017），是一位非常优秀的年轻学者。目前，我们的科研团队已粗具规模。

当前，我们已正式启动《历代高道传》和《当代道教研究》两个丛书项目。《历代高道传》丛书计划对古往今来的高道羽士进行系统的研究，以充分反映他们的生平、事迹和贡献，力争做到史料性、学术性和权威性相结合。《当代道教研究》丛书以道教的现状分析与思考对策为主旨。计划每年出版一本，每本书围绕一个问题来进行探讨研究，力争对当代道教的建设与发展有所帮助。第一本是关于"道教转型中的机遇、挑战与应对"，目前已经组稿完毕。第二本是"关于道教戒律的建设与发展问题"，正在筹备中。

研究所从筹备到组建，得到了相关部门、学术界、道教界及道文化爱好者的关心与帮助,其肩负着社会各界的殷切希望。我们将足履实地,扎扎实实做研究,以辛勤和汗水为当代道教研究添砖加瓦。

褚:期待研究所的成果早日问世。您多年来一直注重道教文化建设,主编过道教文化丛书。据我所知,这些著作产生了良好的反响。请您介绍一下相关情况与经验?丛书之外,您在道教文化建设方面还有哪些举措或计划呢?

丁:我的恩师陈莲笙老会长生前非常重视道教文化建设,主抓了道学班(上海道教学院)和《上海道教》杂志两大文化工程。作为陈老会长的弟子和助手,我在恩师的教诲与提携之下,有机会参与其中,不仅自身获益匪浅,也深切体会到文化建设的重要性。

2000年,我到浦东之后,就着手开展文化建设,先后组织了"上海钦赐仰殿道观道教文化丛书"。第一本是我与刘仲宇教授、叶有贵道长合著的《钦赐仰殿与东岳信仰——一个宗教人类学视角的考察》(2004),之后有吴亚魁博士著《生命的追求:陈撄宁与近现代中国道教》(2005)、吴亚魁博士编《江南道教碑记资料集》(2007)、刘仲宇教授著《弘道八十年——陈莲笙道长事略》(2008)、吴亚魁博士著《江南全真道教》(修订版)(2012)、陈耀庭先生著《陈耀庭道教研究文集》(上、下)(2015)等书。我兼任浦东新区道教协会会长后,主编《浦东道教音乐集成》(2012)、《浦东道教年鉴:2008-2012》(2015)等。这些著作出版之后,得到了各界的好评。在这个过程中,我积累了宝贵的经验。现在回头来看,这套丛书的规划方案有不够周全的地方,特别是缺少计划性和整体性。我会吸取教训,力求今后的研究工作更有针对性。

近年来,钦赐仰殿道观完成了硬件建设工程。我们开始进行以"道学讲堂"为重点的软件工程建设,举办形式多样的文化活动。例如,邀请教内外名家前来开设文化讲座;为皈依弟子提供系列培训学习活动;举办各类慈善活动等。我们希望通过"道学讲堂"这一文化平台,传承和弘扬中华优秀传统文化,进一步满足广大信众的信仰需求和道文化爱好者的文化需求。

褚:您研究道教文化多年,相关成果在教内外很有影响。请问您是如何走上研究道路的?您这些年来主要关注哪些领域?

丁:就我个人而言,从事道教文化研究,既是一个爱好,也是作为道教徒的神圣使命。在上海道学班读书期间,我就对道教文化很感兴趣。当时,恩师陈老会长和陈耀庭先生等人给我诸多点拨与指引,令我受益良多。读书期间,我就开始写作小文章。

从上海道学班毕业后,我被分配到上海市道教协会道教文化研究室工作。当时我们同时去了三个人,另外两位后来都回了道观。我在研究室工作了十余年,1996年担任研究室主任。研究室的工作比较清苦,却很锻炼人的毅力。在这个时期,我主要参与《上海道教》杂志的编辑工作,后来担任副主编、主编。在我成长过程中,主要得益于潘雨廷教授、陈耀庭先生、刘仲宇教授、杨友仁先生等专家学者,尤其是在文章写作方面,更是受教于陈耀庭先生的指点和帮助。当时杂志比较缺稿,我也学着写一些小文章,进一步锻炼了我思考问题和

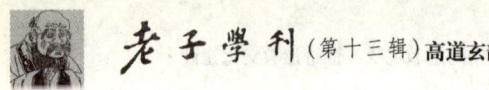

写文章的能力。后来我调离了研究室,但依然担任《上海道教》主编。在创刊20周年之际,我们推出了《道学精粹:〈上海道教〉创刊20周年论文选》(上、下)(2008)。这本精选集记录了《上海道教》从1988至2008年的发展历程。之后,我们通过借鉴其他宗教的刊物,重新设计了《上海道教》的栏目,使其再上一个新台阶。

在党和政府的关心培养下,在恩师陈老会长的精心教诲下,我逐渐走上道教领导岗位,后来担任中国道教协会副会长(1998—2015)和咨议委员会副主席。随着角色的变化、视野的开阔和责任的增加,我开始就道教发展的核心议题与热点问题进行思考,不时撰写文章发出呼吁。我曾担任全国政协委员,提出过若干提案,如《关于在海外设立老子学院拓展公共外交的提案》《推进中华北斗文化走出去战略》等。这些提案同我平时的研究也有比较密切的关系。

这些年来,我主要关注两个方面,即"道教戒律"和"当代道教的建设与发展问题"。我将多年来的思考成果结集,编为《道教与当代社会——关于道教建设与发展问题的思考》一书。通过这些年的思考与实践,我更加认识到道教文化研究对于当代道教实体的转型与更新的重要意义。

褚:期待阅读您的新著。"宗教中国化"是新时代的重大课题,请问您如何认识"道教中国化"?

丁:"宗教中国化"是对所有宗教提出的共同要求。我曾撰文《坚持中国化方向是当代道教发展的新境界》来阐述自己的认识。在我看来,"道教中国化"主要解决的是"与时俱进"的问题。坚持道教中国化,就是要在保持本有的中国特色基础上,不断推进道教与时俱进、创新发展,发挥出时代价值,其核心内容主要有四个方面:一是要传承爱国思想,高举爱国主义伟大旗帜;二是要坚持与时俱进,促进道教与社会主义社会相适应;三是要弘扬道教优秀文化,助推中华文化繁荣发展;四是要推进道教创新发展,践行社会主义核心价值观。因此,坚持道教中国化方向,就是要坚持道教文化的自信,坚持对中华优秀文化的认同、融合与发展,从而发挥出道教应有的时代价值。只有这样,才能更好地传承道教优秀文化,推进道教的现代转型与创新发展,完善道教中国化进程,促进道教事业的健康发展。

会议综述

做好道学典籍保护工作，
推进道学话语体系建设
——首届"中华续道藏"论坛综述

褚国锋*

2019年3月27日至28日，"2019成都'中华续道藏'论坛暨四川大学老子研究院成立十周年国际学术研讨会"在四川大学成功举行。研讨会旨在贯彻落实党的十九大精神，继承和弘扬中华优秀传统文化，完善道教藏外文献搜集计划，总结百年道学发展历程。会议由中国道教协会指导，教育部人文社会科学重点研究基地四川大学道教与宗教文化研究所主办，《中华续道藏》编委会和四川大学老子研究院共同承办。中央统战部有关领导以及中国道教协会、中国社会科学院、北京大学、四川大学、中国人民大学等单位的近150名代表参加了研讨会。与会学者围绕《中华续道藏》编纂、道教历史及道学思想等议题进行了充分探讨[①]。

四川大学党委书记王建国、中国道教协会会长李光富在开幕式上先后致辞。大会开幕式由教育部长江学者特聘教授、四川大学道教与宗教文化研究所所长盖建民教授主持。闭幕式由四川大学李裴教授主持，道教与宗教文化研究所副所长周冶博士作会议总结。现将部分与会学者研讨内容综述如下。

一、《中华续道藏》实施方案、建议及进展

《中华续道藏》项目作为文化重大工程被列入国家"十三五规划"纲要和"中华古籍

---

* 褚国锋，四川大学道教与宗教文化研究所2017级博士研究生。
① 四川大学官网（2019年3月28日）、中国社会科学网（2019年4月1日）、《中国社会科学报》（2019年4月3日第1版）、《中国民族报》（2019年4月9日第5版）、《民族时报》（2019年4月1日第3版）等多家网站和媒体对本次会议进行了报道。数位专家学者的主要观点已见诸网站或报纸。

保护计划",是弘扬中华优秀传统文化、增强我国软实力、保护道学经典、促进道教健康发展的重要举措。为确保该项目的顺利实施,《中华续道藏》编委会精心编制了《工作规程》《管理章程》《文献搜集说明》《扫描细则》《简报制度》等一系列文件。《中华续道藏》编纂出版工程首席专家詹石窗教授及编委会成员向与会代表介绍了工作方案,并广泛征集意见。

多名学者结合自身研究经验,对《中华续道藏》实施方案提出了宝贵建议。国际著名道教学者、原上海社会科学院宗教研究所所长陈耀庭先生作《团结一致,打好编纂出版〈中华续道藏〉的硬仗——从〈藏外道书〉编纂的经验和教训出发》主题报告。他认为,《中华续道藏》工程是传承与弘扬中华优秀传统文化的重大举措。经籍版本选择必须精当,要由专业编选会议决定,相关决定要经得起时间考验。编纂委员会要高度负责,把控好各个环节,特别注意印刷发行的"最后一公里",以确保全书的质量。编纂委员会要精诚团结,充分认识到肩负的文化使命与历史责任,将《中华续道藏》做成传世精品。中国社会科学院荣誉学部委员马西沙先生结合研究宝卷和编集《中华珍本宝卷》的经验,对资料搜集、体例安排和经费预算等问题提出了若干建议。马西沙先生强调,一定要有充分的时间来搜集资料,尽可能穷尽海内外现存文献。云南省社会科学院宗教研究所所长萧霁虹研究员结合《云南道教科仪经籍辑录与研究》的经验,建议制定一套统一的《中华续道藏》文献数据库制作标准、经费管理办法和各省分设道教文化图书馆。台中科技大学萧登福教授就道书搜集的起迄年限、道书筛选规则、道经归类及道经整理方式等问题给出了翔实建议。蒋门马则对文献修描、影印排版和出版销售策略等提出了非常务实的建议。玉林师范学院袁名泽教授根据实际遭遇的难题,指出要解决经费报销、参与成员的科研认定以及跨部门协同等问题。

道教藏外文献的发掘、整理与研究是本次会议的重中之重。文献采集工作团队的多名成员就所负责区域的相关情况进行了介绍。其一,图书馆收藏的道经。中国社会科学院世界宗教研究所汪桂平研究员作《东北地区馆藏道书的现状与价值》的报告,对东北三省主要公立图书馆所收藏的罕见道经情况及其学术意义予以了详细介绍。其二,民间道经。图书馆之外,大量道教文献散布于民间。数个团队经过细心探索,皆有所发现。例如,江西省道教协会秘书长陈雅岚博士对赣州道教科仪文献的考察,江西师范大学曾勇博士对江西修水阐化道院《拜斗求寿玄科》的分析,大理大学黄正良教授对滇西道教古籍文献的盘点。四川大学欧福克博士在《刘门道经——清末、民国时期道书"教外别传"的实例》指出,刘门刊印了许多道教经典,并初步列出了刘门所传道经,将其分为仪式文献、劝善文献和丹道文献三类。鉴于民间道书搜集与整理的特殊性,齐鲁工业大学赵芃教授结合个人的经验教训,从内容选择、版本确立、体系建构以及整理编目等方面提出了系统建议。其三,道教金石碑刻。金石碑刻是了解道教历史与文化的珍贵史料,其搜集整理颇为不易。湖北汽车工业学院黄永昌博士和杨立志教授合撰《武当山道教碑刻类型、价值与保存现状论述》一文指出,武当山道教碑刻主要包括八种,反映了武当山道教发展脉络,具有较高的历史价值和艺术价值,记史与叙事功能明显，是一个亟须保护和整理的宝库。其四，海外道经。海外各类机构和个人也收藏有大量道教文献。四川大学胡锐教授结合学术经验和欧洲实地调研情况，从海外道教文献的分布情况、收藏情况、搜索方式、整理工作及与海外藏书机构的合作方式等方面，介绍了海外道教文献搜集思路。其五，海外研究经验。四川大学张崇富教授《欧洲道藏研究的理论、方法和视角》一文指出，从欧洲学者研究《道藏》的经验来看，道藏研究既需要宏观的理论指导，也需要微观的具体方法。宏观理论有助于正确认识道教，多元化的微观研究方法则可推动研究走向深入。当前，道经的断代和定年、道经的分类、数码化研究及海外道教学研究成果的译介等都是有待关注的问题。平等而良好的学术对话可以推动续道藏文献研究的发展。

二、道教历史与现状探析

明代以降的道教是学术界的研究热点。华中师范大学王闯博士在《明代武当山国家宫观与地方社会治理》一文当中讨论了明代武当山在地方社会治理中的作用。他认为，明王朝为武当山设立了一个由内臣、藩臣、提点、千户共同参与的领导机构，其初始目的在于保证皇家道场的正常运转。随着历史的发展，这套制度在解决荆襄流民问题，以及在新设湖广行都司、郧阳府和郧阳巡抚的过程中，均发挥了巨大作用。武当山是明王朝治理鄂豫陕三省交界山区的重要战略支撑点。中央民族大学尹志华博士《近代道士信修明著〈玄宗源流讲义〉初稿》一文则讲述了清末太监信修明与晚清民国道教的关系，对其著的《玄宗源流讲义》的结构、内容与思想予以介绍。

地方道教研究在近年有了长足发展，在本次会议中也引起了专家学者的关注。福建艺术研究院叶明生研究员《正统与衍变：福建正一教与民间道教关系探讨》一文在文献分析和田野调查的基础上，梳理了福建正统道教与民间道教的历史和现状，分析了二者的融合现象与互动关系，进而就道教正统问题、宗教互补性问题、社会作用下的衍变问题等进行了讨论。福建师范大学黄建兴博士《畲族奶娘催罡巫舞的艺术形态、生成背景和文化意义》一文关注流行于闽东宁德地区的"奶娘催罡巫舞"，对该舞的艺术形态、生成背景和文化意义予以具体分析，并借此探讨该舞与道教闾山派和临水夫人陈靖姑信仰的关系，以及闽东区域畲族与汉族在历史上的深度互动。

参会学者亦对道教在东亚的传播史进行了讨论。厦门大学林观潮副教授在《浅析日本江户时代福冈灵洞观的存在》一文中提出，根据黄檗宗僧人法云明洞所撰《游灵洞观记》，可以推定由福冈藩重臣立花重种建立的灵洞观是又一座日本道观。四川大学孙瑞雪博士《越南阮朝的道教管理制度研究》一文则梳理了越南道教的历史，重点考察了阮朝道教管理制度的内容和特点。

三、道学思想与文化研究

　　《道德经》是道学元典，备受学术界关注。本次会议有多篇探讨"老学"的论文。中国社会科学院哲学研究所陈霞研究员在《〈老子道德经河上公章句〉的诠释学研究》一文中指出，《河上公章句》依经做注，以章句的形式、因特定的读者而对《老子》原文中引而未发的思想进行了从隐到显、从抽象到具体的继承和发挥，甚至突破了《老子》文本的界限，开拓出新的议题，下启道教。四川大学詹石窗教授《"民德归厚"论——〈老子道德经〉第十八章解读》分析了该章的"四有"主题，认为老子将仁义、孝慈和忠臣等伦理道德现象置于历史进程中来考察，体现了深刻的辩证思维。根据"无为"思想原则，该章的核心旨趣在于引导人在内心修养上做功夫，修持天德，顺应天道。若能如此，则民德归厚。四川大学胡瀚霆博士《别具一只眼——林希逸"三子"阅读观探析》指出，南宋理学家林希逸在注解《老子》《庄子》《列子》时提出了"别具一只眼"的阅读方法。该方法包括两个层面：其一，强调从文章学的角度来理解《老子》等文本的意涵；其二，从思想体认的层面指出领会《老子》《庄子》精神的不同路径。西南大学杨子路博士《纪大奎〈老子约说〉儒道互释思想研究》一文指出，清代思想家纪大奎《老子约说》采取了儒道互释思想，以儒学解老，申论儒家德性伦理与礼学思想；又以道解易，承继老子尚阴贵柔等说；书中还杂有内丹家言。华中师范大学刘固盛教授《论明清老学的主要特点与成就》一文指出，明清老学具有注重对老子思想的政治发挥、儒道释思想在老学中进一步融合、"仙"解《老子》与老学的民间化等三大特点。明清老学的思想价值体现在三个方面，即阐发老子政治思想、推进三教关系的发展以及扩大老子思想在民间社会的影响。

　　随着丹道研究的发展，主要丹经的文献学研究亦有所深入。西华师范大学屈燕飞博士《〈周易参同契〉文本系统考——基于与现存诸本〈参同契〉文本内容不同之历代〈参同契〉引文分析考察》一文聚焦《周易参同契》的文本形态与演变历史，在对历代道经征引《参同契》的引文和现存诸本文本进行比较之后，提出《参同契》自唐代以来保持一个稳定的文本状态，南宋以来随着《参同契》出现权威版本而使引文趋于稳定。内丹思想与道教教团发展之间有着密切关系。云南大学郭武教授《"炼道入圣"与宋元道教的"度人方式"》一文考察唐代内丹修炼之"炼道入圣"阶段的内容，及其在后世全真道中的废止，从一个侧面说明宋元道教的度人方式。他在文中指出，早期内丹教团的"度人"方式不够开放，以至"炼道入圣"修炼阶段被废弃。宗承钟吕的全真道则采取了一种"大乘"度人模式，充分适应了社会时代的需求。内丹与传统医学的关系亦受到关注。中国中医科学院何振中博士《明代内丹炼养与助道服食成方》一文指出，明代养生家重视服食方与内丹炼养术在养生实践中的融通，其标志性成果是助道金丹与内丹炼养术的结合。这在一定程度上推动了传统医学补益复食成方的发展。

此外，道教天文学、道教农学、道教文化与现代社会等议题亦被论及。例如，四川大学孙伟杰博士《〈太上洞神五星赞〉所见中外星占思想的融汇》、云南省社会科学院胡小柳博士《从〈保禾苗科〉看瑶族道经中的农业文化》、天水师范学院贾来生教授《论道教文化在旅游经济中的价值》等。

四、"道学"学术话语体系建设

本届国际研讨会也是庆祝四川大学老子研究院成立十周年的一次盛会。四川大学老子研究院于 2009 年正式成立，是中国第一家老子研究院，也是世界第一家老子研究院。现任院长詹石窗教授，副院长盖建民教授（兼）、张钦教授（兼）和于国庆博士。

在开幕式上，詹石窗院长回顾了老子研究院的创办缘起与发展历程。他指出，老子研究院同道教与宗教文化研究所联袂共生，携手推动"道学"学术研究的发展。他对上级部门、学校领导、中国道教协会和海内外同行予以的支持表示感谢，郑重承诺学术团队将始终以感恩的态度工作，努力做好《中华续道藏》编纂工作。

十年来，詹石窗教授在学科建设、学术研究、学术刊物和人才培养等方面建树颇丰。他曾作为四川大学哲学一级学科第一带头人，成功申请到哲学一级学科博士点。他活跃于道学研究第一线，先后提出"平安道""道教三大形态说"等观点，力倡"生命道教""健康道学"等理念。他作为唯一副主编，协助卿希泰先生完成了《中国道教思想史》。他主持完成了国家社会科学基金特别委托重大项目《百年道教研究与创新工程》、教育部哲学社会科学重大课题攻关项目《百年道学精华集成》和国家社会科学基金重大招标项目《百年道家与道教研究著作提要集成》等多个科研项目，并于 2018 年担任《中华续道藏》首席专家、执行主编。其中，《中国道教思想史》（四卷，2009）、《中国宗教思想通论》（2011）和《百年道学精华集成》（五十卷，2018）已相继出版，在海内外学术界引起了巨大反响[1]。当前，詹石窗教授负责编纂统稿的《中国道教通史》（五卷）已获得 2019 年度国家出版基金资助。他主编了 Frontiers of Daoist Studies（《道家研究前沿》）、《宗教学研究》《道学研究》《老子学刊》等学术刊物。他招收中国哲学和宗教学两个专业的硕、博士研究生，有不少人已成长为学术新秀。2019 年，老子研究院新设立了"国际道学人才培养计划"，以期进一步推动中华文化在海外的传播。

十载耕耘，结出累累硕果。从学术传承角度而言，詹石窗教授对卿希泰先生所开创的道教史和道教思想史研究有所推进，并借《中华续道藏》之契机建设道教文献学。在前期研究

---

[1] 《中国道教思想史》先后获四川省政府哲学社会科学优秀成果一等奖、教育部全国高校人文社会科学优秀成果二等奖、第三届全球华人国学成果奖等奖项。《中国宗教思想通论》获四川省政府哲学社会科学优秀成果一等奖、教育部第七届高等学校科学研究优秀成果奖（人文社会科学）三等奖，入选 2012 年国家社科基金中华学术外译项目。《中国宗教思想通论》的韩文译本于 2018 年在韩国正式出版。

成果的基础上,老子研究院将在詹石窗教授的带领下,会同学术界同仁,从学科体系、学术体系和话语体系等方面着手,积极推进"道学"的建设与创新,为传承与弘扬中华优秀传统文化、构建中国特色宗教学理论而努力。

经过为期两天的充分交流与深入探讨,"首届《中华续道藏》论坛"在圆满完成各项议程后闭幕。编纂委员会将本着对国家、民族和历史高度负责的态度,积极开展《中华续道藏》编纂出版工程的各项工作,并精心筹办下一届"《中华续道藏》论坛",争取将其办成具有国际影响力的学术品牌。

《老子学刊》稿约

　　《老子学刊》是由四川大学老子研究院主办的综合性学术刊物。本刊坚持马列主义指导原则，以发掘道家道教思想和传统国学智慧为特色，以传承优秀文化、启迪创新思维、提高健康水平、服务现代生活为宗旨，注重学术性、科学性和知识性相统一，力求雅俗共赏。

　　本刊主要内容包括但不限于：特稿、老子专题研究、道藏专题研究、易学新论、道家道教研究、传统文化研究、探索争鸣、研究生论坛、学术动态等。

　　本刊海内外公开发行，凡是有关老子、道家道教以及中国传统文化等方面的研究成果，均欢迎赐稿。本刊所刊发之文稿均为作者之研究成果，文责自负，不代表编辑部观点；同时，凡有剽窃或抄袭他人作品之情形，由该文稿作者承担相应的一切法律责任。

　　凡所投本刊的文稿，恕不退还。本刊对来稿拥有修改、删节等相应权利，如果投稿者不同意，请在投稿时予以说明告知。基于传播和推广学术思想之考虑，本刊对所刊发的文稿，拥有择优转发、推送等权利，如果著作权人不同意，请在投稿时予以说明告知，如未说明，视为同意。

　　为适应我国信息化建设，扩大本刊及作者知识信息交流渠道，本刊已被《中国学术期刊网络出版总库》及 CNKI 系列数据库收录，其作者文章著作权使用费与本刊稿酬一次性给付。免费提供作者文章引用统计分析资料。如作者不同意文章被收录，请在来稿时向本刊声明，本刊将做适当处理。

　　来稿请以电子 Word 文本发送至我刊电子邮箱，并附上作者的联系地址、邮编、电话、电子信箱，以及是否允许我刊修改、推送等信息，以方便编辑部与您联系相关事宜。同时，所赐文稿亦请寄送纸本打印稿至我刊编辑部。

　　本刊编辑部的联系地址及主要联系人：

　　联系地址：

　　四川省成都市望江路 29 号四川大学道教与宗教文化研究所

　　四川大学老子研究院（或者《老子学刊》编辑部）　　收

邮政编码：610064

联系人：于国庆、李冀、余晓红

编辑部电子邮箱：lzxk2009@126.com

撰稿须知

Ⅰ. 来稿应包括论文题目（中英文）、内容提要（中英文，200字左右）、关键词（中英文，3—5个）、作者简介（中英文）、正文等内容，字数一般控制在7000—12000字。

Ⅱ. 引文出处或者说明性的注释，请采用脚注，置于每页下，具体格式为：

1. 文中格式：以括号①、②……为系列标记，文中设序号：×××①

2. 脚注格式：文末序号须与文中序号相对应。具体规范如下：

（1）凡引用专著，须注明：作者、书名、出版地、出版社、出版年、页码。例如：

①詹石窗：《新编中国哲学史》，北京：中国书店2002年版，第25页。

（2）如果引用《道藏》《四库全书》等大丛书，必须首先注明所引的书名或者篇名，然后注明丛书的册数与页码。

例如：

①《玄肤论·金液玉液论》，《藏外道书》第5册，第363页。

如果在行文中已经出现书名、篇名，在脚注中可以省略书名、篇名，直接注明丛书名与册书及页码即可。

例如：

①《道藏》第5册，第666页。

（3）如果引用杂志论文或论文集论文，须注明：作者、篇名、期刊（论文集）名，期刊序号（出版地、出版社、出版年）、页码。

例如：

①詹石窗：《关于道教思想史的若干思考》，《哲学动态》2009年第2期，第9页。

②圆顿子：《论〈四库提要〉不识道家学术之全体》，张广保：《超越心性：20世纪中国道教文化学术论集》，北京：中国广播电视出版社1999年版，第342页。

（4）如果引用译著，须注明：国籍、作者、译者、书名、出版地、出版社、出版年、页码。

例如：

①［德］马克斯·韦伯著，王容芬译：《儒教与道教》，北京：商务印书馆2004年版，第133页。

（5）如果引用期刊文章，须注明：作者、篇名、报纸名、出版日期（版次）。

例如：

①吴文俊：《东方数学的使命》，《光明日报》2003-12-12（B1版）。

（6）如果引用外文文献，须注明：作者、书名、出版地、出版社、出版年、页码。

例如：

①Chiu, Millton M. *The Tao of Chinese Religion*, New York: University Press of America, 1984, P17.